LA TORRE DEL SILENCIO

José Rubio Sánchez
José Miguel Cuesta Puertes

La Torre del Silencio
José Rubio Sánchez & José Miguel Cuesta Puertes

Línea Editorial Hiperbórea

1ª Edición en Editorial Dagón: 2024
Impreso en España por: Editorial Dagón
https://www.editorialdagon.es
Editor, portada y maqueta de esta edición:
José Rubio Sánchez: *jrubio@editorialdagon.es*

Imagen portada: recreación con IA de un ronin
Imagen de fondo: Foto de Fabian Oelkers en Unsplash
Imagen contraportada: Bhutan

ISBN: 978-84-19540-84-3
Depósito Legal: V-3576-2024

Impreso en España

Ideograma del Mikkyo

Dedicatorias

Dedico esta novela a mi hijo Héctor Arturo.

Le conté esta historia cuando era pequeño, en mi mente «anteayer» y ahora tiene treinta años.

¡Como pasa el tiempo!

José Rubio Sánchez

Dedico esta novela a los niños. A Carol, a Alex, a Claudia y a Sofía, a Bea y a Carlos. Espero que leyendo esta narración descubran y aprendan a vivir con los padres... por lo menos, de vez en cuando.

José Miguel Cuesta Puertes

Nota: *esta historia es una fantasía que utiliza, intencionadamente y de forma combinada, leyendas y tradiciones parsis, tibetanas y japonesas.*

LOS NASSESALARES

Padre, ¿qué es eso?

–Ya lo sabes, hijo, es el antiguo cementerio del pueblo.

–Sí, lo sé, pero no me refiero al cementerio. Pregunto por esa estructura del centro.

–Ésa es la Torre del Silencio.

–¿La Torre del Silencio? ¿Siempre ha estado ahí? ¿Cómo es que no la he visto antes?

–Porque el tiempo pasa, hijo, y tú creces. Hace mucho que no vienes a un entierro, la última vez eras muy pequeño.

–¿Y para qué sirve? ¿Por qué se llama así?

Odda, el padre del joven Ashida, tuvo que detenerse para satisfacer la curiosidad de su hijo.

–No es bueno pararse aquí. Ahora, de día, parece un lugar inofensivo, pero cuando caen las sombras...

Las últimas palabras interesaron más aún al muchacho.

–¿Qué? ¿Qué ocurre cuando caen las sombras?

–Hijo, es peligroso hasta hablar de este lugar. Aquí enterramos y quemamos a nuestros muertos desde hace generaciones. Pero escucha, no siempre se sabe con certeza cuándo un hombre está muerto.

Ashida miraba a su padre cada vez más intrigado. Normalmente, cuando iban a buscar minerales para la forja, lo habitual era cruzar el río y rodear la montaña Hiei-Zan, a través del valle frondoso de Fen. Por razones que desconocía, en esta ocasión habían atravesado la estrecha garganta de la meseta Tendai, a cuyos pies, en un anfiteatro natural, se escondía el temido cementerio con su Torre del Silencio en el centro.

Se habían detenido en el arenoso camino que pasaba cerca de su puerta de hierro oxidada, y los buitres volaban por encima, silenciosos pero amenazadores. Odda se fijó en uno de ellos, tal vez un poco más grande que el resto, con su pico retorcido y la cabeza calva. Retomó la conversación.

–Sí hijo, es difícil saber cuándo un hombre ha muerto.

–Pero si un hombre está muerto es que está... muerto.

–No es tan sencillo. Muchas veces ocurre que...

El herrero miró a su hijo. Tenía casi diecisiete años. Quizás no había llegado el momento de hablar con él de la muerte, tenía toda una vida por descubrir. Sabía de sobra que la sombra del dios de las tinieblas, Yomi-Tsu-Kunise, se hace más visible cuanto más avanza la edad, hasta que al final, nos envuelve en un manto de oscuridad. Pero a su hijo, pensaba, «¿por qué abrumarle con las supersticiones y los miedos de los ancianos?».

Ashida intuyó el motivo del retraimiento de su padre.

–Continúe, por favor, no soy un crío, no me asustan las historias de viejos.

–Está bien –condescendió–, pero reanudemos la marcha; aún hay un buen trecho hasta el lugar a donde nos dirigimos.

Odda agarró con fuerza la rama que usaba como bastón cuando debía transitar largos senderos y subir pedregosas laderas de montaña, y siguió hablando. Su hijo, cargado como él con una gran mochila vacía, le siguió muy atento a sus palabras.

–Muchas veces –continuó Odda–, un hombre que parece muerto no lo está. Suele suceder en casos de muerte natural y, sobre todo, a hombres maduros, no a jóvenes ni a viejos; no, hombres en la plenitud de la vida. De repente, un día caen al suelo como el árbol cortado por el leñador, aquejados de enfermedades incomprensibles o, tal vez, poseídos por demonios. Porque ¿qué es la enfermedad, hijo, sino un demonio que se introduce en nuestro cuerpo y lo corrompe?

Al decir esto carraspeó con fuerza, como intentando quitarse uno de esos demonios del pecho.

Ashida escuchaba a su padre con suma atención, y con los ojos tan abiertos como las orejas.

–No te contaré las «historias», como tú las llamas, que las viejas narran a sus nietos las noches sin luna. Te relataré algo que yo mismo he visto con mis propios ojos. ¿Te acuerdas de Ts'ien, el granjero?

–Sí, claro, el señor que me regalaba fresas. Creo que murió hace unos dos o tres años. ¿No?

–Sí, murió hace dos inviernos, pero murió... dos veces.

Ashida se sobrecogió.

–No puede ser. ¿Cómo?

–Un día, al atardecer, justo en el umbral de su casa. Cayó al suelo de repente y su corazón dejó de latir; así, sin más. Imagina la sorpresa de su mujer cuando oyó el ruido y salió presurosa a la puerta. Su marido yacía frente a ella, pálido como la nieve, muerto. Como tu tío Koba y yo éramos amigos de la familia, nos llamaron para velar el cadáver. Y eso hicimos, pero esa misma noche sucedió.

–¿Qué sucedió? –preguntó ansioso Ashida.

–Estábamos arrodillados ante el féretro que habían situado

en el salón de la casa, rogando a Soko No Kuni, el dios del País Profundo, para que guiase su viaje al más allá, para que marchase rápido y no deambulara por los mundos intermedios de ultratumba. Le asegurábamos que su familia sería cuidada y sus hijos bien educados; que no temiera nada, que marchase feliz a encontrarse con los dioses y con sus antepasados.

»A eso de las dos de la madrugada notamos un quejido, un lamento, como si alguien murmurase en medio de una pesadilla. Aquello cortó nuestras oraciones y nos levantamos con cierta desazón. Después de mirar por toda la sala, centramos nuestra vista en el féretro, y vimos, ¡nunca olvidaré aquel día!, a Ts'ien con los ojos abiertos, contemplándonos con estupor, tanto o más que el que mostrábamos nosotros. No gritamos, porque hasta la sangre se nos había helado en las venas; su resurrección nos embargó de tal terror, que estuvimos a punto de salir corriendo.

»Con un gran esfuerzo conseguí dominar mis nervios y me acerqué hasta él. Juro por Amithâbha que me pareció notar en sus labios el amanecer de una sonrisa, e incluso creí que levantaba su mano para tocarme. Entonces tu tío cogió una espada de la pared, una que yo mismo forjé para Ts'ien años atrás, la empuñó con fiereza y se la clavó en el pecho. ¡Por Buddha!, ¡seis veces!, tantas como creyó necesario, según me confesó más tarde, para asegurarse que no volvería a levantar su cuerpo de la tumba nunca más. Después me hizo prometer que no se lo contaría a nadie. Y he cumplido la promesa... hasta hoy. Nunca olvidaré la carga de odio en la última mirada de Ts'ien.»

Ashida se detuvo consternado.

–¡Eso es un crimen, padre! ¿Cómo pudo permitirlo? ¡Mataron a un hombre!

–¿Seguro que era un hombre, hijo, o mejor dirás que era un demonio que ocupaba el cuerpo de un hombre? ¿Crees que es natural que un hombre despierte después de haber muerto?

–¿Y si no estaba muerto de verdad?

–Es cierto que hay hombres que mueren sólo por unos instantes, pero ya conoces nuestras tradiciones, Ashida. La muerte es nefasta, lo contamina todo, y un hombre que ha muerto, aunque solo sea durante unos instantes, está contaminado. Y si vuelve a reincorporarse a su familia, a la tribu, puede trasmitirles su maldición. Sé que hubo casos de padres y madres que, vueltos a la vida, mataron a sus familiares, desangrándolos lentamente. Por eso se construyó la Torre del Silencio.

Ashida iba a pedir a su padre que continuase su explicación, pero en ese instante alcanzaron lo alto de una loma recubierta de tomillo y hierbabuena. Los pequeños arbustos parasitaban las viejas piedras. El altozano era acariciado por la brisa fresca, que distribuía los suaves aromas de la montaña, llevándose en sus círculos invisibles cualquier sombra de terror, incluso de la imaginación del muchacho.

Como era costumbre, un Hokora, una pequeña estructura similar a un arco rectangular del doble del tamaño de Odda, se alzaba en la parte más alta dedicado a un Kami local, confirmando que aquel era un lugar sagrado. Detrás, en la lontananza, aún se vislumbraba el cementerio; y delante, desplegándose majestuosamente ante ellos, se mecía un fértil valle de colores brillantes, de verdes y marrones embriagadores; lo cruzaba un río oscuro que parecía nacer en el horizonte, donde se erguía una cordillera pintada de montañas nevadas. Allí a lo lejos, en un repecho, se vislumbraba una columna de humo.

–¿Quieres saber dónde vamos, hijo? Allí, donde nace la humareda.

Aquel día Odda parecía un tanto enigmático, como si guardase un secreto. Era un hombre parco en palabras y reservado, para todos excepto para su hijo. Pertenecía al Clan de los Herreros, los Kagi, los Señores del Fuego como gustaban llamarse, y veía en Ashida el futuro, al heredero del milenario arte que su gremio profesaba, el continuador de las tradiciones, la esperanza de llegar más allá de lo que él había llegado. «¿Qué es un hijo, pensaba, sino una flecha lanzada hacia el mañana?».

Bajaron de la loma en dirección a la estela de humo y, después de unos momentos de silencio, al ver que su padre no continuaba, Ashida insistió.

–Padre, aún no me ha explicado la función de la Torre del Silencio.

–¿Conoces a los Nassesalares?

–Sí, claro. Son los ayudantes de los sacerdotes encargados de los rituales mortuorios.

–Recordarás que, cuando alguien muere, después del sepelio, vienen, con sus brazos cubiertos por viejos sacos, para llevarse el cadáver, evitando todo contacto, no sea que su enfermedad, la muerte, los contagie. Luego lo trasladan sigilosamente a la Torre del Silencio y allí, sin ceremonias, lo arrojan en un féretro de hierro. Si en el trayecto algún cadáver revive, como le ocurrió a Ts'ien y a otros, su deber es matarlo de nuevo, en silencio, para no despertar a los demonios, e impedir que intente volver al mundo de los vivos, del que en ese momento es desterrado. Si no es ese el caso, dejan el muerto en la Torre y se van, cerrando sus puertas de herrumbroso hierro con tres candados y dos cerrojos.

»De allí no se puede salir, pues sólo tiene una abertura en la parte superior, a la que no es factible escalar, porque las paredes interiores son lisas como el bronce pulido. Por esa oquedad, precisamente, entran los buitres y, vivo o muerto, se dan un festín con el cadáver, dejando mondados los huesos en cuestión de horas. Después, el Sol los destroza convirtiéndolos en polvo, y la lluvia los arrastra a través de una reja que conduce a un desagüe subterráneo. De esa forma, el muerto vuelve a Armasti, la vaca nutridora, la diosa Madre.

»Pocos días dura este proceso, y los Nassesalares no vuelven a la Torre del Silencio hasta que otro fallecido requiere sus servicios. A veces, una repentina desgracia les obliga a entrar en la Torre antes de tiempo y, cuentan en las tabernas, si hemos de dar crédito a los borrachos, que a veces descubren espectáculos horrendos. Al abrir las puertas de hierro...».

Odda se detuvo a tomar aliento.

–¿Qué? Padre, continúe.

–¿Seguro? Ashida, eres muy joven para escuchar estas «historias».

–Eso no es cierto. Tengo casi diecisiete años. Si lo quisiera ya podría casarme y tener hijos. Lo sabe.

–Es verdad, Ashida, aún te veo como un niño. Bueno, tú lo has querido.

Odda apartó con su bastón una planta con espinas y continuó.

–Al abrir las puertas de hierro, descubrían que no siempre los buitres habían devorado por completo los cadáveres. Algunas veces se veían los cuerpos hechos jirones, pegados a las paredes como si hubiesen intentado escalar su pulida superficie. Otros yacían al lado de aves carroñeras que tenían los cuellos desgarrados, como si entre ellos se hubiese producido una terrible batalla en busca de la supervivencia. En la misma puerta, por la parte interior, brazos sin carne colgaban con las uñas y huesos rotos, como si hubiesen intentado hender el duro metal con sus propias manos. ¡Qué te puedo decir, hijo! Si son verdad estas historias y yo las creo, algunos hombres han despertado dentro de la Torre del Silencio y no han recibido la benigna muerte que los Nassesalares hubieran podido brindarles. Por eso te digo que es difícil saber cuándo un hombre está muerto de verdad. Y eso no es lo peor... –el padre tomo aliento antes de continuar, con la intención asustar más a su hijo– hay quien cree que los hombres que sufren esta cruel venganza del destino siguen rondando la Torre y el cementerio, asediando a los infelices, esperando que alguno se atreva a deambular en sus cercanías. Por eso te prohíbo que pases por allí al anochecer. Y bien, ya sabes qué es y para qué sirve la Torre del Silencio.

Ashida no dijo nada, hacía rato que su viva imaginación representaba en el teatro de la mente, como si fuera una función de títeres, el terrible espectáculo de los cuerpos destrozados, el cruel cometido de los Nassesalares, la profiláctica misión de los buitres carroñeros, y veía ante él a los infelices despertando de su sueño mortal en aquel oscuro antro, rodeados de feroces aves ansiosas de saborear la dulce carne humana. Un espectáculo desolador.

Su padre le tocó el hombro, despertándolo de su ensoñación, y Ashida soltó un grito.

–Tal vez no me creas, y quizás sea mejor que pienses que son historias de viejos; da lo mismo. Quiero que me prometas que no irás con tus amigos a divertiros cerca de la Torre; no será la primera vez que alguien no ha vuelto. Pero dejemos ya este

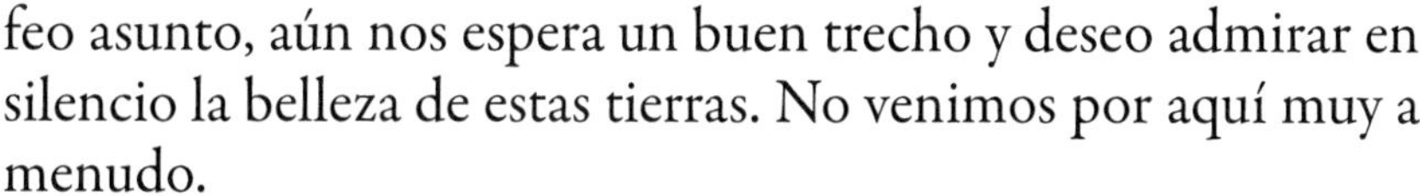

feo asunto, aún nos espera un buen trecho y deseo admirar en silencio la belleza de estas tierras. No venimos por aquí muy a menudo.

Odda olvidó la conversación, pero no Ashida, que seguía contemplando en su mente las horribles escenas descritas por su padre.

La muerte es una escurridiza serpiente que se arrastra por el lado oscuro de la vida y, cuando estás desprevenido, te ataca.

Cuentos del Vampiro

LAS PIEDRAS VIVAS

Durante varias horas padre e hijo no hablaron. Siguieron el sendero que se abría a través del valle paralelo al curso del río, deteniéndose a almorzar en su orilla y a descansar un poco. Luego continuaron hasta que, al mediodía, cuando los rayos del Sol caían verticalmente semejantes a invisibles espadas de fuego, llegaron hasta el lugar donde nacía la columna de humo.

–Bien. Esto era lo que buscaba –dijo Odda al tiempo que se quitaba la mochila y la depositaba en el suelo junto al bastón.

Ante ellos se abría un boquete grandioso, con paredes cónicas cubiertas de una tierra gris que parecía ceniza, emanando un calor sofocante acompañado de una nube blanca. En el centro de la abertura se veía una roca deforme y retorcida, envuelta en humo, producido en gran parte por el calor que convertía la humedad del aire en vapor.

–¿Qué es esto, padre? Jamás vi una roca tan extraña.

–Esto, hijo, es una piedra caída del cielo, quizás un rayo del dios de la tormenta, Ame No Ma-Hitotsu No Kami, lanzado a alguno de sus enemigos y que de rebote ha llegado a nuestra tierra. Su origen es incierto, pero te aseguro que no es de este mundo. Por eso el metal que contiene es tan valioso: hierro, pero no el que fabrica la Madre Tierra, sino el que manejan los dioses en sus Esferas Celestes. Ayer vi su estela cruzando el firmamento; un espectáculo majestuoso. Y hoy, Ashida,

aprenderás una lección más, un pequeño secreto del gremio de los Kagi.

Odda se arrodilló al borde del espacio delimitado por el cráter, como si fuese un lugar sagrado, y cogió un poco de tierra con las manos. Sus callosos dedos apretaron la esponjosa ceniza, que adquirieron una tonalidad grisácea. Pidió a su hijo que hiciese lo mismo y Ashida también agarró un puñado de tierra caliente.

–La Tierra es nuestra Madre, hijo. Te lo he dicho muchas veces y aún te lo repetiré otras más, pues tan deshonroso es olvidar a la madre que nos trajo al mundo, como a la Madre que creó nuestra raza, y que nos protege y sustenta. De sus entrañas surgió el hombre en edades pretéritas y a sus entrañas volvemos al concluir el ciclo vital, transformando nuestros cuerpos en ceniza, como la que envuelve este lugar con un manto gris. Pero no somos sus únicas criaturas, hijos suyos son los animales y las plantas, y por eso los has de considerar hermanos, y también lo son los minerales y los metales que de las profundidades de la Tierra extraemos: oro, plata, cobre, hierro. Cada uno de ellos es la germinación de una semilla a la que los astros dan su influjo; estos son sus Padres Celestes y sus protectores. Recuérdalo, hijo, los metales son seres vivos, nacen, crecen, palpitan, sufren, como nosotros.

Al decir esto, Odda se llevó la mano al corazón, fijando la vista en la extraña roca retorcida que tenían delante.

–Es un secreto conocer el lugar donde nacen los metales –continuó–, y es un honor y una responsabilidad extraerlos de las entrañas de la Gran Madre, para transformarlos luego en la forja. Es un sacrilegio no hacerlo practicando los ritos y ceremonias adecuadas. De esto algo sabes ya, porque me has acompañado alguna vez a las minas, pero aprende ahora lo siguiente: por encima de los metales de la Tierra están los del Cielo, los que, como éste que ves aquí, caen desde los Mundos Celestes, pues vienen de una patria astral y han estado en contacto con los dioses; cargados, por eso, con potentes propiedades mágicas. Con el metal de las piedras caídas del cielo se han forjado siempre las armas de los reyes, sus cascos, sus corazas y, sobre todo, sus espadas. Con ellas nunca ningún rey perdió una batalla, porque sus propiedades mágicas las hacen imbatibles.

Miró a su hijo con ojos llenos de fuego.

–¡Hoy vamos a tener la suerte de poder coger ese metal mágico y con él forjaremos armas invencibles!

Odda se levantó y, colocándose unas botas y guantes especiales que lo protegían del calor, descendió por la empinada zanja con una de las mochilas, hasta llegar a la palpitante roca. Su superficie, aún caliente, era rugosa, retorcida, negra con tonalidades rojizas.

Con un martillo rompió el metal en pequeños pedazos que luego colocó en el morral. Cuando estuvo lleno, lo subió y se lo dio a su hijo, para volver a bajar con el siguiente. Sus ropas estaban empapadas en sudor, y sus brazos y rostro brillaban acalorados.

La tarea no resultó ser tan sencilla. La roca celeste lanzaba gases nocivos que Odda respiraba sin protección, y los ojos se le cegaban invadidos por el copioso sudor que caía por su frente. Aunque Ashida quiso sustituirle en la labor, el padre no quiso.

Al fin, después de varias horas de trabajo, Odda concluyó. En lo alto de la loma, al borde del pequeño abismo del que aún salía humo, bañado en sudor, con el pelo recogido con una cinta y en la mano derecha el martillo, parecía el dios Ame No

Ma-Hitotsu No Kami, la *divinidad tuerta del cielo*, el dios de los misterios, el patrón de los herreros, de los alquimistas, de los trasmutadores del metal, los Hijos de la Llama Eterna. Ashida lo miraba extasiado.

Se limpió el sudor con un trapo y se aseguró que las mochilas no estuviesen demasiado cargadas, especialmente la de su hijo.

–Bien, ya tenemos nuestro tesoro. Tomemos algo de comer y regresemos a casa.

En el trayecto de vuelta, ya caída la tarde, pasaron cerca de un acantilado. En lo alto se erguía un roble, tan al límite, que sus raíces se desplegaban en el aire como gigantescas serpientes retorcidas. El árbol también llamaba la atención, pues su atormentado tronco sostenía una enredada copa de considerable tamaño, con ramas poderosas, desafiando las fuertes corrientes de aire. Más que el árbol, lo que a Ashida atrajo la atención fue otra cosa, pues colgada boca abajo, de los pies, se veía una persona; tan quieta, que el zarandeo del viento producía en ella el mismo movimiento que en las hojas.

–¡Padre! ¿Veis lo que yo? ¿No es una persona lo que cuelga del árbol, al borde del precipicio? ¿Estará vivo o muerto?

–Está vivo, Ashida. Pero olvida lo que has visto y sigue caminando, no debemos mezclarnos con esa gente.

–¿Qué gente? ¿Quién está tan loco como para colgarse de un árbol?

–Quién va a ser, algún Guerrero de las Sombras.

–¡Los ninjas!

–Sí, y calla ya. Estas son sus tierras. Viven aquí simulando ser simples aldeanos, pero sólo es una tapadera para poder practicar en secreto sus oscuras artes, para entrenarse a escondidas y convertirse en espías y asesinos. Seguro que ese hombre, por el tamaño, es el hijo de un ninja, sometido a una de sus terribles pruebas, pues eso hacen con sus crías: las educan para la guerra. Hijo, nosotros fabricamos armas porque no nos queda más remedio, pero no amamos la violencia. No somos samuráis ni ninjas, somos los Señores del Fuego; no hemos venido a destruir sino a construir. No hacen lo mismo los ninjas, por muy sigilosos que sean en sus prácticas; ellos son expertos en insidias y asesinatos. Nosotros conocemos los secretos de la tierra, de la vida, no de la muerte.

Ashida escuchaba a su padre, pero estaba fascinado con la imagen de aquel joven colgado del árbol, vestido con un kimono totalmente negro, que se confundía con el cielo cada vez más oscuro. Inmutable, casi pétreo, como una rama más.

–¿Me has comprendido? –preguntó Odda interrumpiendo las ensoñaciones de su hijo.

–¡Oh!, sí, padre, le he comprendido. No debo relacionarme con los ninjas. No se preocupe, no lo haré.

Pero mentía.

Era ya muy tarde. La noche invadía el valle. Siguieron su camino de vuelta a casa, pasando de nuevo cerca del viejo cementerio. Ahora que Ashida conocía el significado de la Torre del Silencio, el lugar parecía más siniestro, emanaba un aroma de muerte y maldad que lo aterrorizaba, sensación acrecentada por los resplandores de las piras funerarias todavía no extintas.

Al mirar los reflejos de la luna en la Torre, le pareció sentir una extraña ansiedad embargándole el pecho, y notaba también cómo se le secaba la saliva en la boca. Eran los síntomas del miedo, un miedo atenazador que helaba su sangre y paralizaba sus músculos.

Le costó mucho sobreponerse a la impresión.

Su padre se dio cuenta.

–El miedo, Ashida, es un Ser, es como un perro rabioso que se te echa encima si nota que le temes. Es una simpleza, pero: cuanto menos temas al miedo menos miedo tendrás.

Se alejaron del viejo cementerio, pero ninguno se dio cuenta de que, desde la herrumbrosa puerta, una sombra con ojos inyectados en sangre observaba.

La vida subterránea es un mundo habitado por seres a los que se perturba.

Cuentos del Vampiro

EL ARTE DE LAS SOMBRAS

La oscura noche lo envolvía todo, a excepción de las minúsculas motas de luz que destellaban en el firmamento. Alrededor de la casa de Ashida las sombras parecían impenetrables y el silencio casi absoluto. La luminaria de arcilla alimentada con aceite que Odda colocaba en la entrada, apenas permitía ver a pocos metros alrededor del hogar.

A las pocas horas después del ocaso, en el momento justo en el que una nube perdida jugaba con la luna al escondite, una sombra furtiva tiró un bulto desde la ventana norte de la casa y salió detrás, sigilosa, mirando a todos lados, cerciorándose de que no era vista ni oída. Después recogió el paquete y fue a toda prisa en dirección al camino.

Más tarde llegó al borde del bosque de Kiu-T'se, el *bosque de las telarañas*. Allí debía encontrarse con otra sombra.

Se acercó al árbol de la cita y oteó a su alrededor. No había silencio, las cigarras mantenían sus irritantes cánticos, y por aquí y por allá los búhos y lechuzas, además de otros irreconocibles animales nocturnos, lanzaban sus pretenciosos discursos. Un perro ladraba en la distancia despertando a sus congéneres y provocando un coro caótico e inarticulado.

«He llegado pronto –murmuró Ashida para sí–, o quizás tarde... ¿Se habrá ido? Tal vez no ha visto la cinta azul que coloqué en el cerezo para confirmar nuestra cita.»

Aquel cerezo estaba en el camino que bordeaba el bosque, y

por ese camino pasaban los dos varias veces al día. Si veían la cinta por la mañana se encontraban a primera hora de la tarde; si la veían por la tarde, a medianoche.

Se sentó a los pies del árbol y esperó ansioso, observando a su alrededor. Había salido de casa a horas intempestivas y sentía la inquietante emoción de realizar algo prohibido. De nuevo quedaba a escondidas, porque nadie debía saber que se conocían.

Sin embargo, mientras él esperaba, alguien vigilaba todos sus movimientos. Justo detrás del árbol, inmóvil, contenía la respiración y sonreía con malicia difiriendo el instante de dar un susto de muerte a Ashida. Al fin se decidió y, sin producir el más mínimo ruido, rodeó el árbol y se tiró sobre el muchacho, que lanzó un grito tremendo.

–Serás crío –dijo el asaltante sentado sobre Ashida y sujetándole los brazos.

–¿Crío yo? ¿Quién se ha tirado sobre mí jugando como una niña pequeña?

–Ya sabes que nosotros siempre estamos practicando. Además ¿tanto te molesta mi posición?

La chica sonreía maliciosamente.

–Bueno, ahora que lo dices, y ya que la sangre vuelve a fluir por mis venas, he de decirte que ya no me molesta, es más, ya puestos, cambiemos la postura.

Mientras decía esto giró la cadera y, con un ágil movimiento, rodeó a la chica con las piernas y la obligó a caer, colocándose él encima de ella.

–¿Y a ti, te molesta?

–En absoluto, porque no va a durar nada. Yo no he nacido para ser apresada o...

La chica rodeó con sus piernas a Ashida y con una hábil técnica de judo giró en redondo, dando un ágil salto hacia atrás y cayendo a dos metros de distancia.

–... al menos no hoy... ni ahora.

El muchacho, tumbado en el suelo en una postura un tanto ridícula, sonrió.

–Lo sé, lo sé, pero eso terminará cuando yo aprenda lo suficiente del Ninjutsu, el ancestral Arte de las Sombras, ¿verdad, Liteu?

–Yo nunca te enseñaré todo, Ashida, hijo de un herrero. El Arte de las Sombras solo se trasmite a los que tienen la misma sangre. Como acordamos, te enseñaré algunas técnicas, será el pago por la espada que debías forjar para mí, nada más. Por cierto, ¿la has traído?

–Claro que sí. Aquí la tienes.

Ashida se levantó del suelo y, acercándose al árbol, cogió un paquete que entregó a la muchacha.

Liteu lo agarró y le quitó delicadamente la tela negra, contemplando la espada corta que el hijo del herrero había fabricado para ella.

–Ya sabes –dijo Ashida–, que todavía no domino el arte de fabricar espadas, al menos no como mi padre. Es como la querías: recta, no curva como la de los samuráis; de dos filos, ligera y equilibrado el peso de la hoja con la empuñadura; y con la vaina abierta por los dos lados. Todavía no comprendo por qué la querías así, pero la he hecho siguiendo tus indicaciones. Espero haberme ganado mis últimas lecciones, además de la de hoy.

La chica lo miró satisfecha.

–Te enseñaré, Ashida, pero con mucha precaución. Soy una kunoichi y siempre cumplo mi palabra, aunque me vaya la vida, ya sabes que el Ninjutsu no se puede enseñar a nadie que no pertenezca a alguno de los clanes descendientes de los chamanes Tamabushi. Si mi padre supiera que te instruyo, te aseguro que no dudaría en matarme, sin pestañear. Y soy su hija, imagina que haría contigo.

–No eres la única que corre peligro. Mi padre siempre me advierte sobre vosotros y vuestras intrigas. Dice que practicáis artes oscuras y que sois insidiosos.

–¿Y por qué no le haces caso? Tu padre es sabio, hace bien en prevenirte. La disciplina de las sombras no es para todos, ni siquiera para los mejores. Seguro que en realidad no sabe nada de nosotros, porque nadie sabe nada fuera del círculo de Togakure. Y es mejor así. Te enseñaré alguna cosa, como prometí, y te aseguro que para tus intereses será suficiente.

La kunoichi se colocó la espada al cinto y dijo con tono de orden.

–Sígueme. Ésta va a ser tu primera lección de la noche: vamos a caminar por el bosque. Debes saber que una de las primeras tareas que aprende un ninja es a moverse en silencio. Cuando un ninja camina no es ni siquiera una suave brisa, es una sombra invisible. Debes aprender a que tus movimientos sean precisos, a no desplazar el aire, a ver en la oscuridad.

–Está bien, te sigo.

La chica se introdujo en el bosque. Sus movimientos eran felinos pero zigzagueantes, como si en vez de caminar danzase, como si en lugar de pisar la tierra con sus zapatillas de fieltro negro, se deslizara a pocos centímetros del suelo. De tanto en tanto se detenía a aleccionarlo.

–Cambia el ritmo del paso a menudo, derecha-izquierda e izquierda-derecha. Observa las hojas y ramas caídas. De vez en cuando detente y escucha el bosque, él es nuestro aliado,

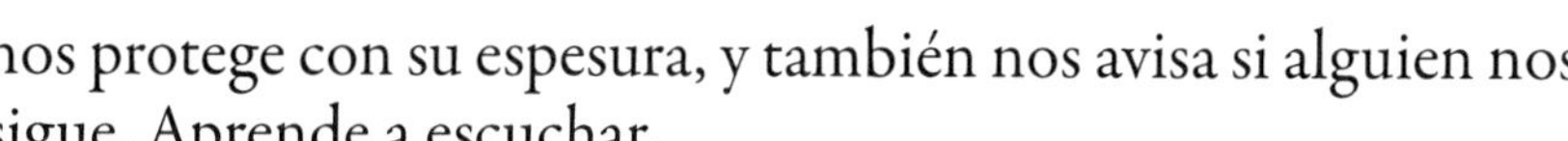

nos protege con su espesura, y también nos avisa si alguien nos sigue. Aprende a escuchar.

Y luego seguía caminando.

Al principio Ashida estaba distraído, e incluso pisó una rama seca. Cuando producía un ruido, ella se giraba y lo miraba con un gesto de reproche. A él le encantaba que lo mirase así. Recordó su niñez, con apenas cinco años, cuando su padre todavía no había descubierto que aquellos aparentes agricultores eran en realidad ninjas, y les fabricaba extraños utensilios que luego ellos montaban como armas. En una ocasión su padre construyó un horno nuevo y, tal como enseñaba la tradición, se dispuso a darle vida con una ceremonia. En la parte más importante del rito, Liteu y él debían entrar dentro del horno, desnudos, y pisotear kilos y kilos de habas. Lo que para los mayores era un rito sagrado, donde las habas eran el sacrificio del ser vivo que daría vida al fuego del horno, para ellos fue un agradable juego: bañarse en el jugo de la legumbre. Lo más curioso, recordaba Ashida, era que la misma tradición aseguraba que los jóvenes que realizasen la ceremonia, de mayores serían marido y mujer. ¿Era ése su destino? Seguramente no, dada la extraña profesión de Liteu y la férrea disputa de ambas familias, aunque a él no le importaría hacer verídica la profecía.

Volvió a pisar, esta vez una simple hoja, y los ojos azules de la muchacha se clavaron en los suyos.

–Qué torpe eres, Ashida. ¿Qué voy a hacer contigo? Si esto fuese una misión de verdad ya estaríamos muertos.

–Pero moriríamos juntos –bromeó el muchacho.

–Morir es morir, juntos o separados, y no lo desea nadie. No seas imbécil.

Después de caminar a la manera ninja durante más de una hora, llegaron a la orilla de un pequeño río, que cruzaba el

bosque en dirección al valle donde había caído el meteorito. Mientras Liteu escudriñaba los alrededores, Ashida aprovechó la ocasión y se acercó hasta ella intentando darle un beso por sorpresa.

La kunoichi, rápida como un tigre, se dejó caer hacia atrás al tiempo que levantaba el pie y le golpeaba en el pecho, con tanta fuerza que Ashida fue a parar directamente al agua.

–¿Qué he hecho? –gritó desde el río completamente empapado.

–Qué ibas a hacer, dirás. ¿Qué te has creído? Nadie pone la mano encima a un ninja sin su permiso. Pero –reflexionó un segundo–, vamos a sacar partido de tu estupidez.

Dijo esto y se tiró al agua.

–Has hecho bien, Liteu, porque te iba a tirar yo.

–Ni lo sueñes. Aún tienes mucho que aprender. Veamos la siguiente prueba, ¿cuánto aguantas bajo el agua?

–No sé, tal vez dos o tres minutos.

–¡Ja!, bien poco. Apuesto a que aguanto más que tú.

–Comprobémoslo.

–Tú primero. Sumérgete y yo cuento.

El joven infló los carrillos, llenó los pulmones de aire y, tapándose la nariz, metió la cabeza en el río. Al poco salió amoratado, respirando con dificultad.

–No está mal –dijo Liteu–, dos minutos. Ahora mira y aprende.

La chica cogió aire y se sumergió mientras Ashida contaba. Cuando llegó a los dos minutos, vio cómo Liteu sacaba bajo el agua la espada de la vaina y colocaba ésta verticalmente, a pocos centímetros fuera de la superficie, con el otro extremo en la boca. Así estuvo diez minutos.

Ashida no paró de reírse hasta que Liteu salió con una sonrisa de satisfacción.

–Será posible, así también aguanto yo horas y horas. Ya sé por qué querías que la vaina tuviese dos aberturas. Eso es trampa.

–Las trampas forman parte de mi entrenamiento. Y no es ser tramposa, es ser astuta. Un ninja debe aprovechar todas las circunstancias y vislumbrar todas las posibilidades. Las personas normales se rigen por normas establecidas, no ven las alternativas. Un ninja sí las ve, o debe aprender a verlas. De ello depende, no solo el éxito de su misión, sino también su supervivencia.

–Está bien, lo acepto –dijo resignado Ashida–. La conclusión es que debo aprender a ver.

–¡Exacto! –gritó Liteu mientras se acercaba hasta él–. Acabas de expresarlo perfectamente: hay que aprender a ver. Ver los lugares, las personas, las dificultades, las opciones. Vaya, eres sabio, joven Ashida.

–No te rías de mí.

–Para nada. No sé si te lo he dicho, un ninja nunca ríe, ni llora, ni nada, somos así de sosos.

En ese momento el muchacho sintió un estremecimiento y, levantando la barbilla, estornudó.

–Estás empapado. Bien, pasaremos a la siguiente prueba y te ayudaré a secarte.

–Tú dirás, Liteu, a tus órdenes.

A poca distancia del río se abría un claro en el bosque, en cuyo centro se erguía desafiante un roble de proporciones descomunales. Las raíces salían de la tierra como los mil brazos de una hidra, y su nervudo y retorcido tronco se abría paso hacia el cielo con numerosas extremidades cargadas de ramas tortuosas y hojas perennes y lampiñas.

Era un árbol fácil de escalar, pues solo había que utilizar las numerosas y accesibles ramas como asideros, y Liteu quería aprovechar esa facilidad para enseñar algo más a su amigo, sin ponerlo en excesivo peligro.

Al llegar a los pies del roble sacó de su bolsa unos utensilios. El sonido metálico llamó la atención del muchacho, que se acercó hasta ella.

–¿Qué es eso?

–Los llamamos Shuko. Como puedes ver, son unas bandas de hierro provistas de cuatro púas en la palma que se colocan en los puños y manos, de modo que, con cierta habilidad, se puede escalar casi cualquier cosa. Te haré una demostración, pero ponte primero los tuyos.

Liteu se acercó a Ashida y le colocó con firmeza las argollas metálicas. Mientras lo hacía, el joven la observaba. Quién lo iba a decir, pensaba, unos ojos tan cristalinos, un rostro con la piel tan fina y delicada y, sin embargo, era una mujer tan mortífera como una serpiente. ¿Por qué se sentía tan atraído? ¿Por qué su corazón latía más rápido cuando ella estaba cerca?

La muchacha también se sentía atraída por Ashida, y no era necesario mucho entrenamiento Ninjutsu para descubrir su nerviosismo; las miradas furtivas, el sudor en la piel, el tartamudeo en los labios. Pero como kunoichi, como mujer ninja, debía controlar su corazón, su sangre, su respiración. Por lo demás, también sentía Liteu un cierto temor: ambos eran muy distintos, de profesiones diferentes, de clanes irreconciliables; incluso, pensaba Liteu, hasta nuestras almas son contrarias. Entregarse a él sería una temeridad. Atraerle a su mundo, quizás un suicidio.

–Bien –dijo al fin, terminando de colocarle las argollas–. Ahora mira cómo lo hago yo.

La chica se apostó al pie del árbol, casi ceremoniosamente, y clavó la palma de la mano por encima de su cabeza en la rugosa superficie. Luego dio un pequeño salto y clavó la otro palma más arriba, al tiempo que situaba sus pequeños pies en el tronco. De este modo, con movimientos suaves y ágiles como los de una ardilla, fue alternando la posición de las manos y las piernas, hasta llegar a la rama más cercana.

Ashida, deseoso de aprender y de demostrarle que él también era hábil, aunque fuese el hijo de un herrero, se colocó en la misma posición y, con un poco menos de agilidad, pero un poco más de perseverancia, logró llegar sudoroso a la misma rama.

–Vaya –dijo Liteu–, eso está muy bien. No eres tan torpe. Pero yo quería secarte. Vamos a la siguiente prueba, cierra los ojos.

El joven, que respiraba entrecortadamente debido al esfuerzo, obedeció. Liteu le cubrió los ojos con una tela negra.

–No tengas miedo –le dijo–, yo cuidaré de ti, confía.

Le guió entre las ramas hasta que estuvieron en una bastante fuerte y alta. Allí, dándole la vuelta, le ató las manos con un poco de esparto y luego los pies con una soga. Aunque le costó un poco, logró rodear la rama con una doble vuelta y luego situó al muchacho en el borde de modo que al ir soltando cuerda este descendía boca abajo, dejándolo en suspenso como a un murciélago.

–Esto lo he visto antes –farfulló el muchacho–, parecía más divertido visto de lejos.

–Este ejercicio es uno de los más importantes. A veces los ninjas hemos de estar en un lugar estratégico durante tiempo indefinido, espiando o esperando el momento adecuado para actuar. Hay que saber estarse quieto durante mucho tiempo. A ver cuánto aguantas.

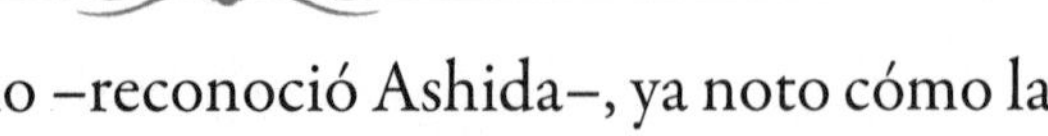

–Creo que no mucho –reconoció Ashida–, ya noto cómo la sangre baja a mi cabeza. Me duelen las ataduras y tengo vértigo.

–No seas quejica.

Liteu se sentó en una rama a la altura de su cabeza y le quitó la venda de los ojos. Luego le dio unas hierbas que sacó de una pequeña bolsa de piel atada a la cintura.

–Mastica, esto te ayudará con la sangre. Por cierto, nunca te lo he preguntado, ¿por qué quieres aprender el Arte de las Sombras? Eres el hijo de un herrero. La mayoría de los hijos siguen los oficios de sus padres, como yo.

–No sé si podré explicártelo como lo siento –contestó Ashida esforzándose en hablar en tan inusual posición–. Quiero a mi padre y lo respeto, pero cada día compruebo que somos muy distintos. Estoy confuso y, por eso, de momento aprendo sus lecciones. Es como si todo eso no fuera conmigo, no me emociona como a él, no me atrae tanto.

Mientras hablaba notaba el pulso de la sangre amartillándole la cabeza.

–Además –continuó–, no me gustan las tradiciones de mi familia, sus ritos, sus costumbres. Me siento un extraño cuando visitamos a otros compañeros del gremio e incluso a otras familias del clan. No me gusta asistir a sus fiestas, no me hacen gracia sus bromas, ni sus canciones. Tal vez sea mi forma de ser. A veces imagino que de niño me cambiaron en la cuna y en realidad pertenezco a otra familia.

–Vaya, ¿a cuál?

–Lo ignoro. Tampoco creo que lo mío sea ser un ninja, aunque quizá sí un guerrero, un samurái o un ronin. Al menos las historias que se cuentan de ellos me entusiasman, y me encantan las espadas. Tampoco lo tengo muy claro.

–Te comprendo –dijo la chica acercándose un poco más a

él y asegurándose en la rama–, yo soy una kunoichi solo por haber nacido en el clan Togakure. No he tenido elección ni escapatoria, desde que nací mi destino ha estado escrito: ser ninja. La costumbre es tan poderosa, que al final no sabes si las cosas las haces porque te gustan o porque te has resignado.

–Exacto –afirmó Ashida–, es una definición perfecta.

–Yo no sé si valgo o no para ser ninja, o si quiero serlo. Desde niña mi padre me ha educado para ello, y su entrenamiento es para mí una segunda naturaleza. Vivo como ninja como si fuera lo más normal, pero es un tipo de vida triste.

–¿Triste? ¿Por qué?

La muchacha abrió su corazón desvelando secretos inconfesables.

–Estamos siempre al acecho. Desconfiamos de todo y de todos. Vivimos como agricultores, ocultando nuestras verdaderas actividades a ojos profanos. No existe el descanso. Estamos obligados a un entrenamiento perpetuo, y es agotador. A nadie puedo llamar amigo o tratarlo como tal, porque siempre esperas que pueda traicionarte. Duermo con un ojo abierto y una mano en la daga... A veces pienso que es desesperante. Ya ves, hasta para estar contigo debo hacerlo a escondidas.

La muchacha se acercó más a Ashida. Él aguantaba estoicamente la prueba y con cierto agrado, pues tenía a Liteu a la vista, a pocos centímetros. De improviso, ella le cogió la cabeza con las manos y le miró fijamente a los ojos.

–Así que antes querías darme un beso.

–Me ha costado un chapuzón y no lo he conseguido. ¿Es ésta tu venganza?

–En modo alguno. Si lo querías, aquí lo tienes. Solo tenías que pedirlo.

La joven acercó sus labios a los de Ashida y le besó con la fuerza de un deseo contenido, a pesar de la difícil postura en la que se encontraban. Luego se apartó y dijo tajante:

–Debo irme. Me echarán en falta. Y si descubren que me veo con un extraño al clan me castigaran, y tal vez a ti. Adiós.

–No me vas a dejar aquí atado, ¿verdad?

–Sí. Toma esta daga, debes aprender a soltarte solo, como haría un ninja.

Dicho esto, y después de depositar en sus manos un pequeño cuchillo, le dio otro beso y se fue. En un abrir y cerrar de ojos desapareció en la oscura maleza.

Ashida estaba alucinado, impactado por el afecto mostrado por Liteu. Cuando se repuso, maniobró la daga hasta conseguir cortar las ligaduras de las manos, y luego no le quedó más remedio que hacer lo mismo con las de los pies y caer al suelo desde una distancia de unos dos metros.

Aún dolorido, se marchó a su casa con la agradable sensación de estar flotando, pletórico de entusiasmo.

Cuando se los busca, no se los puede ver; cuando se los trata de escuchar, no se los puede oír; cuando se los busca a tientas, no se los puede tocar. Esos son los ninjas.

Anónimo

LOS SECRETOS DEL OFICIO

Ashida, despierta hijo, es la hora. La mañana es fresca pero el día promete ser agradable. Venga, gandul, levántate.

El joven abrió los ojos con gran esfuerzo, para cerrarlos de nuevo, dar media vuelta en la cama y quedar otra vez pesadamente adormilado. Hacía solo tres horas que había vuelto de su aventura nocturna, y su padre lo despertaba en el sueño más profundo.

Odda entró de nuevo en el cuarto y le removió el pelo.

–Venga, muchacho, hoy es un gran día.

A duras penas Ashida volvió a abrir los ojos y se agitó en la cama estirando los brazos y las piernas, hasta el punto de casi producirle un calambre. Notó con agrado las agujetas en las piernas y el dolor en los puños y tobillos debido al entrenamiento nocturno. No le preocupó sentir sus molestias, al contrario, eran como las honrosas heridas de una batalla. Tampoco olvidó el beso de Liteu; instintivamente se llevó las manos a la boca como si aún notara su presión en los labios, y su sabor.

Al fin lanzó un largo bostezo, se incorporó al borde de la cama, que consistía en un mullido colchón de paja y una gruesa manta, y se quedó con los pies cruzados mirando el infinito.

En ese momento su gato, cubierto por la manta, logró zafarse y se arremolinó en su regazo frotándose contra el pecho.

–Buenos días, Wu-Ti, qué madrugador. Claro que tú te pasas el día durmiendo. Qué pelo más suave tienes.

–Ashida –insistió el padre con tono más severo–. Venga, no volveré a decírtelo dos veces.

–Ya voy padre, ya voy.

Como un sonámbulo, el joven se levantó y fue a asearse, mientras que Wu-Ti le seguía metiéndose entre las piernas.

–¿Qué? ¿Quieres lavarte conmigo? No lo creo.

Pasados unos minutos se acercó a la cocina, donde su madre, Moriya, ya tenía preparado un suculento desayuno de pan de trigo con leche y miel, además de unas fresas frescas.

–Buenos días, hijo –dijo afectuosamente su madre–, parece que tengas los ojos pegados.

–Si es que no se ha lavado la cara –afirmó el padre dándole un suave cachete en la cabeza.

–Sí que me la he lavado –protestó–. Bueno, solo un poco. Lo justo.

–Sí, con dos dedos, como tu gato.

Wu-Ti no se daba por aludido, atento como estaba a los olores que descendían desde la pequeña mesa de no más de medio metro de alto, alrededor de la que daba vueltas como un poseso.

–Hoy es un gran día –dijo de nuevo el padre mientras se sentaba sobre el almohadón y cruzaba los pies.

–¿Por qué repite eso, padre? ¿Qué día es hoy? ¿Alguna fiesta?

–Sí, para mí y para ti, para nosotros. Parece mentira que no lo recuerdes; no solo estás dormido sino atontado: hoy es tu cumpleaños, y tengo preparada una sorpresa.

–No me diga. Ya no me acordaba –Ashida se despertó al fin completamente–. ¿Qué sorpresa? ¿Es un regalo? Quiero verlo. Enséñemelo, padre, por favor.

–No, no, no. En la forja. Allí lo tengo, te lo daré cuando lleguemos.

–Estoy impaciente. No sé si podré esperar tanto.

–Tendrás que hacerlo.

Desayunaron mientras aparecían en el horizonte los primeros colores de la aurora. Luego partieron a la herrería, donde el padre enseñaba a su hijo el oficio de sus antepasados. Tras ellos, el gato les seguía como si fuese un perro, caminando a veces por delante y otras por detrás, entreteniéndose en perseguir algún insecto, y retomando a la carrera la distancia perdida.

Alrededor la naturaleza iba bostezando, como Ashida, iluminándose con los frescos rayos matutinos, que deshacían las gotas de escarcha embelleciendo los campos y árboles con un aura dorada. Los colores grises se transformaban gracias a la magia de la luz solar, adquiriendo mil matices. El aire mismo parecía cargado de energía.

En el trayecto Odda tosió un par de veces, pero al preguntarle su hijo se disculpó restándole importancia.

–Es el poderoso aire de la mañana que se adentra en mis pulmones, todavía dormidos.

Al poco llegaron a su destino. Allí estaba la herrería, una pequeña choza cubierta con un techo de cañas y paja, que se alargaba hasta cuatro metros en el exterior sujeto por dos columnas de madera. El padre abrió el cobertizo donde guardaba las herramientas, y entró sin dejar pasar a su hijo.

–Espera aquí. Ya verás.

Salió con un objeto largo y curvilíneo, envuelto en una tela escarlata.

–Te conozco, hijo, y sé que no tienes alma de herrero. Aprendes el oficio bien, pero te falta algo, quizás el entusiasmo de tus antepasados. Por eso te regalé una espada de bambú hace hoy

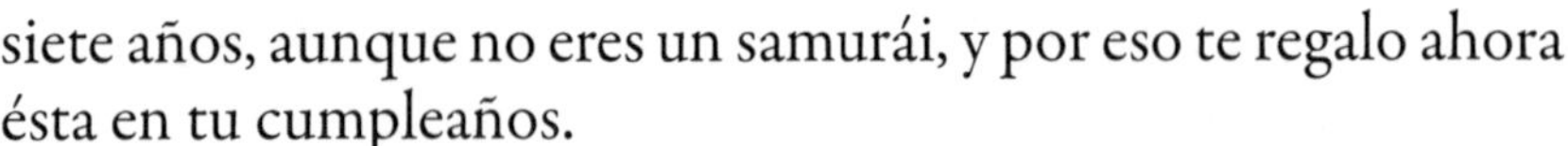

siete años, aunque no eres un samurái, y por eso te regalo ahora ésta en tu cumpleaños.

Quitó la tela y dejó al descubierto una maravillosa espada, guarecida en una vaina decorada con esmalte negro por el que volaba un dragón lanzando fuego.

Al muchacho se le abrieron los ojos como platos, y la cogió alucinado.

–¡Gracias, padre, es increíble! He visto muchas espadas fabricadas por usted, pero ésta es bellísima. Es una obra primorosamente realizada.

–Así es, hijo, he seguido en la construcción de esta espada los antiguos misterios. Ya sabes que, al fabricar una espada, ésta se carga de las emociones y pensamientos de su creador, por eso hay que seguir el rito de purificación que en parte te he enseñado.

Ashida escuchaba atento a su padre, por más que ya le había oído contar otras veces la misma historia. Sin embargo, lo que dijo a continuación era nuevo.

–Debes conocer uno de los secretos del gremio de los Kagi: aunque la influencia y la ciencia de los Señores del Fuego es poderosa, una espada no fija su carácter hasta que es adquirida por el que será su dueño. Si éste es belicoso y agresivo, la espada se tornará violenta como él, aunque la fabricase el mismo Masa Muni. Porque las espadas están vivas, hijo, y responden al entorno como lo hacemos los hombres.

El muchacho acariciaba la espada mientras Odda recitaba su sabia prédica, captando toda la energía y el amor depositado en ella. Podía notarlo. Aún era muy joven, pero su sensibilidad apreciaba el don que le otorgaban. Llevado por la emoción le abrazó dándole las gracias.

–Gracias, padre, esto significa mucho para mí.

Aquel fue un momento entrañable, padre e hijo unidos por un noble sentimiento, acompañados por la esbelta espada, y por Wu-Ti, que pedía cariño restregándose entre los pies.

Aunque no duraría mucho.

–Bueno –dijo al fin Odda–, me alegro mucho, hijo, pero ahora debemos trabajar, tenemos encargos, las ruedas y los aperos de labranza de Lichao han de estar acabados hoy mismo.

–Por supuesto, iré colocando el carbón para encender la fragua.

Odda y Ashida iniciaron el ancestral ritual del herrero, tan antiguo o más que el tiempo, pletórico de significados místicos. Con el carbón en la parte inferior del horno y el fuelle a punto, Odda encendió una brizna de hierba y la arrojó al interior. La llama, pequeña y escuálida al principio, se alimentó del carbón y rápidamente cobró fuerza, animada por el flujo constante de aire que el fuelle le proveía.

Se produjo de nuevo el milagro. Como en el nacimiento de las estrellas, allí, en aquel pequeño rincón del mundo, nacía un nuevo sol dispuesto a trasmutar los metales, a producir el misterioso Arte de la Alquimia. Cada metal que su padre fundía despedía su propia llama, su propio color e incluso olor. Era un ser vivo, un animal con Alma que su padre trasmutaba en algo superior, ayudando a la Madre Naturaleza con su Arte y su Ciencia.

Odda miraba el fuego, el crepitar de las llamas, y sentía el orgullo de su gremio, revivía al calor del horno la sagrada profesión que tanto amaba, por la que se sentía un creador, un constructor de mundos, semejante a un dios. «Nosotros –pensaba–, somos los únicos que podemos trasmutar la materia».

Con el fuego y el calor, la herrería cobró vida y en su atmósfera sulfurosa Odda y Ashida desgranaron las horas mientras fundían los metales y volcaban el humeante líquido resultante en los moldes y plantillas, amartillando su dúctil materia, dándole forma proceso tras proceso.

El agua, al templar los objetos, llenaba la fragua de un húmedo vaho que la envolvía mezclándose con el sudor. Los rítmicos sones del chocar del martillo contra el yunque hacían vibrar pequeñas campanitas colgadas del techo, y su melodía daba alas a los cantos de Odda, que elevaba más el tono cuanto más fuerte golpeaba.

Al mediodía, después de una dura mañana de trabajo, pararon a almorzar. Se lavaron las manos y se secaron los sudorosos cuerpos, dispuestos a devorar las viandas que Moriya había preparado. Tras unos cuantos bocados y tragos de vino, Odda preguntó a su hijo.

–¿Me dirás dónde fuiste anoche, Ashida? No te sorprendas, oí la ventana al cerrarse. Y vi también la espada corta que has fabricado a mis espaldas. Venga, habla, no tienes por qué mentir.

Ashida sí tenía por qué mentir y, pillado por sorpresa, buscó una explicación que fuera coherente.

–Salí a dar un paseo. No podía dormir.

–¿Y la espada?

–Me la llevé para protegerme, por si acaso.

–Ya. Es curioso, esa espada que has fabricado sin mi permiso es singular. La descubrí por casualidad hace tres días, antes de que pulieras la hoja templada al rojo blanco. Su forma es extraña y su vaina más aún. Sabes, si no fuera porque te lo he prohibido, diría que has fabricado una espada para un ninja, porque así son sus espadas.

Ashida comprendió que no tenía escapatoria, así que decidió decir la verdad.

–Es cierto, padre, tengo un amigo ninja, es una kunoichi y le prometí fabricarle una espada a cambio de... –dudó un momento.

–¿A cambio de qué? Termina.

–No lo va a entender, padre. Se la hice a cambio de que me enseñara técnicas del Ninjutsu, del Arte de las Sombras.

Odda, hombre tranquilo y reflexivo, contuvo su enfado e intentó no ser demasiado severo con su hijo.

–¿Cómo es posible? Ya sabes lo que te he contado de los ninjas. No son buena gente. Su vida es como su Arte, está envuelta en sombras. Entendería que tuvieras amigos samuráis, aunque ellos nunca se rebajarían a instruirte, pero un ninja...

–¿Y qué hay de malo? –Ashida levantó el tono de voz–. Padre, usted lo ha dicho esta mañana. Sabe que mi alma es de guerrero, y yo siento que debo aprender el oficio de los guerreros. Sí, es verdad, una joven ninja me enseña. Usted la conoce, bailamos juntos dentro del horno cuando lo construyó hace años.

Odda bajó la cabeza respirando con profundidad y se quedó callado largos minutos. Padre e hijo eran piedra y lluvia, calma y viento.

–Ashida, sé que he dicho que tienes alma de guerrero, pero eso no importa, quiero decir que eso no afecta a lo que debe ser tu profesión. Has nacido hijo de un herrero y éste ha de ser tu «Arte», los dioses han elegido lo que es mejor para ti.

–¿Por qué? –Ashida se levantó y habló nerviosamente delante de su padre–. ¿Por qué he de ser herrero? No lo comprendo. ¿Porque usted lo es? ¿Porque lo fue mi abuelo, nuestros antepasados? ¿Es que tengo que ser como ellos? ¿Qué hay de lo que yo pienso, de lo que siento, de lo que yo quiero?

–Ashida, cálmate.

–¡No! Ahora es el momento, padre –el joven no pudo contener su pasión–. Ya soy mayor, usted mismo me ha abierto la puerta al mundo de los adultos con su regalo, esta espada. Yo quiero decidir por mí mismo, acertar o equivocarme por mí mismo. Amo las espadas y las armas de los guerreros, me ilusiono con sus hazañas, los admiro; a los samuráis, a los ronin, y también a los ninjas.

Odda sabía que no podría convencer a su hijo, era muy joven y su alma, aún inmadura, vibraba con el mismo fuego que en él palpitó años atrás. Su corazón era más poderoso que su mente. Hizo un nuevo intento.

–Ashida, no te dejes engañar por el fasto de las apariencias. Esos guerreros a los que admiras, ¿qué sería de ellos sin nosotros? Fabricamos sus espadas, sus cascos, sus armaduras... En este mundo hay dos tipos de hombres, hijo: los Constructores y los Destructores. ¿A quién quieres imitar? ¿Qué quieres ser? Nosotros, tus ancestros, somos los Constructores, dominamos el Fuego desde el principio de los tiempos y los dioses depositaron en nuestros clanes las ciencias del arte y la técnica. Nosotros conocemos las ciencias de la tierra, del árbol, de la piedra, del agua, del fuego: la Alquimia; construimos sus casas, sus castillos, sus puentes, sus templos; tejemos su ropa, producimos sus alimentos. ¿Quién está más cerca de la Madre Tierra y del Padre Celeste? ¿Qué hacen ellos? Ya te lo he dicho: destruir, matar. Se entrenan para clavar mejor y más rápido una daga a un hombre, para destruir más eficazmente un edificio, para masacrar ciudades, para segar vidas y esperanzas. ¿De verdad quieres pertenecer a la hueste de los Destructores, ser uno de ellos?

Por momentos, Odda había ido levantando la voz cada vez más y Ashida, intimidado, escuchaba en silencio.

–Si le he de contestar ahora, padre, le diré que sí lo deseo. No puedo evitarlo, algo dentro de mí me lo pide, me lo exige.

Odda se levantó al fin y miró a su hijo frente a frente.

–No me importa, aún soy tu padre y te lo prohíbo.

–No lo haga, padre. Yo deseo ayudarle en la forja, cada día está más enfermo, aunque quiera ocultarlo, pero, mientras, deseo prepararme para seguir mi camino.

–No podrás hacerlo bajo mi techo, Ashida.

El muchacho miró largamente a su padre, era la viva imagen de la determinación; pero él también.

–De acuerdo, padre, como quiera.

Entonces Ashida cogió la espada que ese mismo día le regalara su padre y, sacándola de la vaina, la colocó en un tornillo y partió el dragón por la mitad.

Luego se marchó en silencio.

Cielo y Tierra, y cuanto hay entre ambos, son como un fuelle con su inyector; aunque esté vacío no se desinfla y cuanto más trabaja, más rinde.

Lao Tzu

UNA VISITA INESPERADA

Aquella noche la cena transcurrió envuelta en una tensa espera. Odda presidía la mesa y, cabizbajo, comía lentamente, pensativo, como si su imaginación se hubiera ido, como si visitara lugares remotos.

Moriya servía a su hijo también en silencio; sabía lo ocurrido ese día y deseaba que alguno de los dos diese un paso atrás. En la cena nadie dijo nada y, al concluir, Ashida se levantó con respeto y se retiró dispuesto a preparar las cosas que se llevaría a la mañana siguiente. Se iba de la casa de su padre, de su hogar.

En su cuarto recogió los pocos objetos que le interesaban: recuerdos y algo de ropa, nada más; su mochila estaba prácticamente vacía y no le importaba, pues vacía sentía su alma, a excepción de una extraña tristeza. Entonces, en el preciso instante en el que iba a cerrar la bolsa, un grito lo sobresaltó, un grito ahogado que parecía surgir de la garganta de su padre.

Descorrió precipitadamente la puerta de su cuarto y se dirigió corriendo a la cocina. Cuando llegó, su alma dio un brinco, aterrada con la visión que sus desorbitados ojos contemplaban. Allí, donde antes su padre mascullaba sus pensamientos hacía tan solo unos momentos, su madre gritaba sobre su cuerpo, aparentemente muerto.

–¡Oh, dios mío! –decía Moriya desesperada–, ¿qué te ocurre, querido? ¡Despierta! ¡Despierta! ¡No es posible! No, ahora no, no puedes irte ahora sin arreglar las cosas con tu hijo.

Ashida estaba paralizado. Su mente no aceptaba lo que veía y tampoco comprendía cómo, de repente, su padre yacía muerto en el suelo. Al fin recobró el ánimo y se acercó a su madre y al cadáver.

–Tranquila, madre, tranquila. Déjeme ver, tal vez no sea nada, solo un desmayo.

Moriya se retiró a desgana, tapándose la boca y sollozando.

–Sabía que estaba enfermo –dijo con un tono de voz casi inaudible–. ¡Oh, Dios!, lo sabía desde hace meses. Su tos se hizo más frecuente e incluso, a veces, vomitaba sangre. ¡Hijo!, son los vapores nocivos de la fragua y las enfermedades de las entrañas de la tierra, donde iba a buscar los minerales, ¡seguro! Han corrompido sus pulmones y envenenado su sangre y su corazón.

Ashida reconoció que su madre podía tener razón. Mientras acercaba su cabeza al pecho de su padre para intentar oír el latido del corazón, recordó su tos ocasional, y cómo aumentó después de respirar los vapores despedidos por la piedra caída del cielo. Desde ese momento su voz sonó más gutural, como si sus mismas cuerdas vocales hubieran sido afectadas por los efluvios nocivos. Ahora tenía el rostro más pálido y los músculos anquilosados

–Maldito oficio –espetó a su madre en voz alta–, ¿y aun así quería que siguiera su ejemplo?

El corazón no latía, y de su boca ya no se exhalaba ningún suspiro. Era verdad, era real, era rotundo: su padre estaba muerto.

Por un momento, arrodillado a su lado y contemplando su rostro, se alegró de ser libre, pero sólo fue un instante. Cuando fue consciente de lo que había pensado se aterrorizó y se llevó las manos a la cara, tapándose los ojos que empezaban a llenarse de lágrimas.

Madre e hijo lloraron durante minutos eternos y, cuando ya ninguna lágrima más acudió al borde de sus ojos; entonces, una vez calmados, pensaron que debían hacer.

–Ashida –dijo entrecortadamente Moriya–, ¡rápido!, corre a casa de tu tío Koba y avísale. Después ve al templo de Leisenji y avisa al monje Pao Pu'tzu, hemos de cumplir los ritos. Es tu padre, Ashida, y mi marido, pero éste es solo su cadáver, una impureza en nuestra casa, hemos de ayudar a su alma a volar al cielo en compañía de los Kami, debemos tener todo preparado. ¡Rápido, corre, obedece!

Moriya dijo esto con una firmeza extraída de las entrañas, por puro esfuerzo de voluntad.

El joven no replicó a su madre. Se olvidó de todo y dio gracias por poder hacer algo que alejase de su cabeza los terribles pensamientos que le atormentaban.

–Sí, madre, voy corriendo.

La casa de Koba se encontraba a tan solo dos kilómetros de distancia, y Ashida los recorrió lo más rápido que pudo. Cuando llegó y golpeó la puerta, a esas horas de la noche, Koba solo tuvo que ver el desencajado rostro de su sobrino para temerse lo peor.

–¡Mi padre, tío, mi padre!

Ashida contó en cuatro pinceladas lo ocurrido y las órdenes de su madre.

–¡Ah, por Yu!, lo veía venir. ¡Ese hombre! Deprisa, ve a por el monje, yo me ocuparé de todo. Hemos de darnos prisa, el primer momento en la muerte de un hombre es el más importante, y el más peligroso.

El muchacho no entendió muy bien lo que quería decir su tío, pero por alguna razón, a su mente llegaron las palabras de su padre sobre la Torre del Silencio y los Nassesalares. «Dios santo –pensó–, vendrán los Nassesalares y lo arrojarán a la maldita Torre para que lo devoren los buitres. ¿Será eso a lo que se refiere mi tío?».

A los pocos minutos estaba llamando a la puerta del templo, donde vivía el monje sintoísta. Su afeitada cabeza apareció tras la puerta, que abrió con una mano mientras que con la otra se frotaba los ojos.

–Muchacho, ¿qué ocurre? ¿Qué te trae por aquí? Éstas no son horas para despertar a un humilde siervo del Bodhisâttva.

–Señor Pao Pu'tzu, mi padre ha muerto. Hace menos de una hora que cayó al suelo fulminado, como si lo atravesara un rayo. Mi madre me ha pedido que venga a por vos, y también mi tío Koba. Dicen que hay que darse prisa, que hay peligro. ¿A qué se refieren?

–Vaya, vaya –murmuró el monje pasándose la mano por la cabeza rapada–, cómo es la vida. Esta tarde vi a tu padre, estaba muy serio y preocupado, y ahora... los dioses lanzan sus dados inexorablemente. Dame un minuto para coger algunos objetos ceremoniales que necesitaremos, y tú, mientras, desata a Nobu, mi perro, nos hará falta.

Ashida no entendió para nada por qué tenían que llevarse el perro, pero obedeció sin rechistar. El fiel animal yacía en el suelo cual largo era, con las robustas patas delanteras cruzadas y la cabeza redonda apoyada en ellas; tenía un hocico obtuso y los labios eran gordos y cortos en el centro, y colgantes por ambos lados. Mientras que Ashida se acercaba un tanto receloso, el perro lo miraba con displicencia.

Cogió la correa y la desató del árbol cercano. Sin más, el enorme dogo de pelaje leonado se levantó y fue tras él como si lo conociera de toda la vida.

–Buen perro –dijo el monje que salía en ese instante de la casa–. ¿Sabes? Tiene la misma edad que tú, nació el mismo año, y su signo astrológico es conejo, como el tuyo. Qué cosas tiene la vida.

Aquel monje era todo un personaje, pensó Ashida. Siempre le había parecido un poco raro. Vivía solo en una celda trasera del templo, y hacía cosas extrañas: cantaba en los entierros, lloraba en los partos, reñía a los niños si los veía maltratando un árbol, y otras veces jugaba con ellos como si él mismo fuera un chiquillo. Ahora, aunque se daba prisa, se tomaba la muerte de su padre de una manera un tanto tranquila, como si fuese lo más natural del mundo.

–No hace falta que corramos, hijo. Tu tío Koba sabe lo que debe hacer. Cuando lleguemos estará todo preparado.

El monje notó la mirada de Ashida y su expresión de tristeza.

–No debes lamentarte. La muerte y la vida son el mismo río que unas veces sale a la superficie y otras se esconde bajo la tierra. Tú, que tienes alma de guerrero, deberías saberlo. Lo primero que debe aprender un samurái es a no temer la muerte, más que eso, a conocerla, a comprenderla, e incluso a convertirla en su amiga. El miedo es el segundo gran enemigo del guerrero.

Al muchacho le sorprendió que el pequeño monje supiese tanto de él. ¿Habría hablado con su padre?

–Señor Pao Pu'tzu –contestó–, si estoy tan abatido no es sólo por la muerte de mi padre, hay otra cosa que me ha dejado aturdido.

–Lo sé, hijo, lo sé, no sufras. Te aseguro que tu padre también lo sabe. No está enfadado contigo, al contrario, se siente orgulloso de que tengas claro cuál es tu destino.

El muchacho se detuvo y lo miró con los ojos tan abiertos

como los de un búho. ¿Cómo sabía todo eso? ¿En verdad había hablado con su padre, o leía sus pensamientos? ¿Es que podía interpretar los sentimientos de los hombres? Sí que era extraño aquel monje sintoísta.

Por un instante se asustó, quería responderle, pero prefirió quedarse en silencio, y así estuvo un buen rato hasta que su casa apareció tras un recodo del camino. Entonces rompió el silencio haciéndole una pregunta intrascendente:

–Dígame, señor, ¿por qué hemos traído el perro? ¿Es necesario?

–Oh, sí, joven Ashida, es imprescindible. Él nos protegerá del Bhutân.

–¿El Bhutân?

–Sí, el vampiro.

¿Qué es la vida, sino la antesala de la muerte?
¿Y qué es la muerte? Un misterio.
Cuentos del Vampiro

EL BHUTAN

Cuando Ashida entró en su casa, detrás del monje, vio que el salón principal estaba totalmente cambiado. Los muebles habían sido retirados, y en su lugar se encontraban cuatro grandes velas en las esquinas y seis incensarios en la parte inferior de las paredes; dos por pared, dejando una libre. En ésa se encontraba su padre, vestido con un traje ritual de seda blanco, depositado en un irregular cajón de madera cuadrangular a modo de ataúd. Una butaca sin respaldo levantaba la parte de la cabeza un metro del suelo.

Al verlo, una arcada de emoción le asaltó y se arrepintió de todo lo que había sucedido en aquel largo día. Recordó el tierno abrazo que se procuraron al entregarle la espada, símbolo de madurez, y quiso mantener esa imagen en su memoria.

El monje se giró.

–Eso es, muchacho, graba esa imagen en tu mente, eso te aliviará a ti y también auxiliará a tu padre, le ayudarás a partir en paz.

Era extraño, ya no le asombraba la perspicacia del monje.

En la casa, además de ellos y el dogo, solo estaban su madre y su tío; ningún otro familiar había sido invitado. Ella se había colocado al lado de su marido, sollozando ya sin lágrimas, y él permanecía de pie en una esquina, vestido también con un traje ceremonial y esperando la decisión del monje.

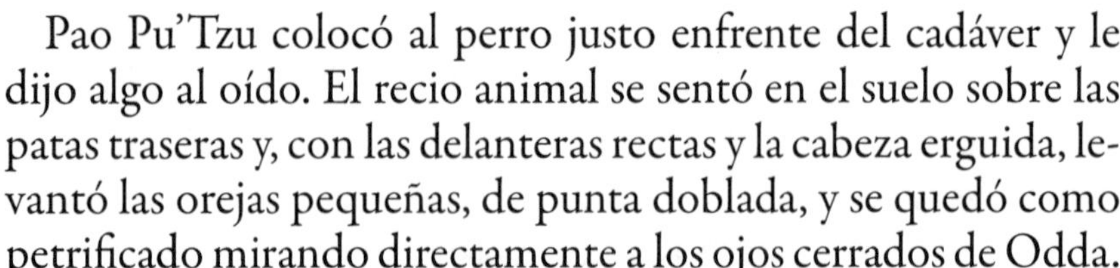

Pao Pu'Tzu colocó al perro justo enfrente del cadáver y le dijo algo al oído. El recio animal se sentó en el suelo sobre las patas traseras y, con las delanteras rectas y la cabeza erguida, levantó las orejas pequeñas, de punta doblada, y se quedó como petrificado mirando directamente a los ojos cerrados de Odda.

El monje se acercó después a Ashida y le susurró:

–Los Bhutân son espíritus desencarnados, espectros que malviven como sombras en los cementerios, esperando la ocasión de introducirse en los cuerpos de los recién muertos. El Bhutân necesita entrar antes que el alma vuele, y así hacerla su prisionera. De ese modo, con el alma esclavizada, se convierte en un vampiro y usa ese cuerpo para satisfacer sus ansias sanguinarias, engañando y devorando a los seres humanos. Este es el momento más peligroso, cuando hay que tener más precaución, y desde siempre... –señaló al dogo–, por misteriosas razones que nadie conoce, los perros pueden ver esos malévolos espíritus. Mientras ellos vigilen el cadáver, los Bhutân no pueden invadirlo. Ésa es la razón por la que Nobu está aquí, muchacho.

Dicho esto, el monje se acercó a su tío y, haciéndole una señal, ambos se sentaron en la postura del loto, colocando sus manos encima de las rodillas. Todo quedó en silencio y una calma extrema envolvió la estancia, invadiéndola de una atmósfera irreal.

Pero la amenaza ya se cernía sobre Odda, sobre el heredero del clan de los Señores del Fuego. Al pie de la meseta Tendai, en el lóbrego cementerio que todos querían olvidar y que daba cobijo a la Torre del Silencio, una sombra se retorcía entre las tumbas y matorrales secos, una sombra con ojos rojos.

Se posaba en lo alto de los mausoleos y olisqueaba el aire, deslizándose luego sobre el viento para posarse de nuevo sobre un panteón y escuchar lo que la noche tenía que decirle. Un susurro inaudible para el oído humano llegó hasta él, y una lúgubre sonrisa se abrió en su inexistente boca.

Era el Bhutân.

Una ráfaga de viento más fuerte batió el asilo de almas y en ella se subió aquel espíritu infame, buscando una víctima propicia que calmase su sed de sangre. Recorrió los kilómetros que lo separaban de la triste morada en luto, y llegó hasta la ventana del salón, desde donde se veía perfectamente el velatorio, y el ansiado cadáver en el que sumergir su sombra, poseyéndolo.

Sin embargo, algo estremeció la difusa imagen del Bhutân. En el centro de la habitación, más concentrado y firme que una estatua, se hallaba un perro, un gigantesco dogo que no cesaba de mirar al que era su presa, con tal aplicación que parecía imposible evadirlo.

Era primordial darse prisa, pues solo culminaría su propósito si poseía el cuerpo antes de que el alma, su verdadero dueño, lo abandonara. Eso era lo que el monje quería conseguir, convencer y ayudar al alma de Odda para que rompiera las ataduras de este mundo gris, para que olvidara el enfrentamiento con su hijo y volase al mundo de los Kamis.

Al tiempo que el ser demoníaco se retorcía en su propia sombra acechando desde la ventana, algo ocurrió, algo inesperado y catastrófico: Wu-Ti.

El gatito había estado todo el tiempo en la habitación de Ashida. Cuando todo empezó él no había podido salir, porque la puerta quedó cerrada tras su amo. Después de varios intentos, decepcionado, volvió al mullido colchón de paja y, después de amasar la manta, se hizo un ovillo y se quedó dormido. Ahora, sin embargo, se despertaba perezosamente, curvando el lomo y, al ver que la puerta se encontraba abierta,

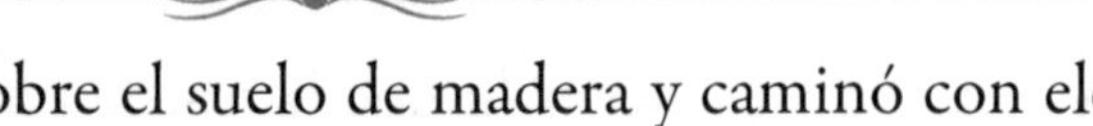

dio un ágil saltó sobre el suelo de madera y caminó con elegancia hasta llegar al salón.

En mala hora.

Nada más cruzar el umbral, el fiel Nobu, antes incluso de verlo, olió al felino y, girando bruscamente su grueso cuerpo, se abalanzó sobre él intentando cazarlo; pero eso no iba a ser tan fácil. Wu-Ti era pequeño y rápido, y el can tuvo que perseguirlo por toda la casa.

Aquello fue el milagro que el Bhutân esperaba. El perro había roto el hechizo protector. Nadie vigilaba el cadáver, e incluso el hermano de la víctima y el monje perseguían al ofuscado can, en una escena que sería cómica si no tuviese consecuencias tan terribles. Pao Pu'Tzu se mostró por primera vez alterado, pues sabía las posibles consecuencias de romper el rito.

El nefasto ser aprovechó el momento y veloz, como un soplo de viento en la oscura noche, entró en la habitación y se sumergió en el cadáver. Por fin era suyo.

Nadie lo vio. Nadie se percató de aquella sombra inusual y vaporosa. Y una vez dentro de Odda, nadie podía descubrirlo hasta que él quisiera. Ni el perro, que una vez tranquilizado se acercó al cadáver y lo olisqueó sin soltar un solo gemido, para colocarse después en la misma posición; pero ya era tarde.

Ahora estaba en su poder. Se alimentaría de su aún caliente sangre, de su alma y, a través de él, de sus seres queridos.

A los pocos minutos llegaron los Nassesalares, con sus brazos y manos cubiertos con tela de saco, preparados para cumplir el fatídico ritual profiláctico, para llevarse a aquel trozo de carne impura fuera de la ciudad, para que no contaminara a los vivos, y para asegurarse, siguiendo una ancestral tradición llena de terror a lo sobrenatural, de que no se levantara de su tumba.

Cuando los Nassesalares salieron por la puerta, a Ashida le embargó un profundo desasosiego, pero no quiso darle salida, porque su madre se abrazaba a él con desesperación, sollozando sin consuelo.

Fuera de la casa se agruparon algunos familiares y amigos, avisados por la mujer de Koba, esperando la partida del sepelio. Detrás de los Nassesalares se colocó su tío, quien sujetaba a su madre del brazo, y detrás los amigos y parientes. La lúgubre escena duró hasta que doblaron una curva del camino.

Detrás de los rincones, entre las oscuras sombras, el hombre de bien es acechado por el mal y poseído cuando no es diligente.
Cuentos del Vampiro

LA MUERTE VIVA

El viejo árbol resistía el embate del tiempo, ajeno a las tormentas que se precipitaban en la vida de Ashida. Ahora era su árbol, porque en él Liteu le había regalado un beso. Eso había ocurrido hacia solo dos días, sin embargo, parecía haber sucedido meses atrás. «Cómo es la vida», repitió en su mente parafraseando al monje.

Al pie del retorcido tronco aún estaba la cuerda con la que Liteu le ató boca abajo. «Mi entrenamiento –pensó–, qué iluso». Ahora parecía la tontería propia de un niño. Casi coincidía con lo que pensaba su padre, si es que sabía lo que de verdad pensaba su padre.

Subió a lo alto del roble y se sentó en una gruesa rama, dejando caer los pies y apoyando la espalda sobre el rugoso tronco. El cielo estaba cubierto de nubes y el ambiente era tibio; su mente aletargada revivía una y otra vez los acontecimientos de la pasada noche.

«Envenenado –siguió pensando–, por su propio oficio. ¿Eso quería para mí mi padre? No lo creo. El monje dijo que no, que estaba orgulloso de mí... quizás... Quizás se alegró de que yo tomara una decisión que él nunca se atrevió a tomar, quizás... Nunca lo sabré, porque no tuvimos tiempo de hablar. Se fue demasiado pronto.»

Los minutos se desgranaban lentamente, tan lentos como tortugas, llenos de melancolía, hasta que una sombra cubrió sus ojos cerrados.

–Hola Ashida, ¿cómo estás? Ya me he enterado.

Era Liteu, irreconocible a la luz del día con su traje de campesina, disfrazada en realidad para no ser descubierta, como mandaba su Ley. Su pelo negro cortado a la altura del cuello, destacaban sus ojos grandes y azules.

El muchacho no contestó y ella, captando su dolor, respetó su silencio quedándose quieta, tan quieta como un ninja al acecho, a su lado. Sus años de entrenamiento le habían hecho sabia en la ciencia de los sentimientos, y discernía perfectamente los de cualquier persona o animal, adaptándose a ellos con naturalidad.

Los dos jóvenes miraban el lejano horizonte, la montaña Tendai, a cuyos pies se escondía la Torre del Silencio; ambos sabían que aquel hostal eterno tenía un nuevo inquilino.

De pronto Ashida se irguió, como si recordase algo importante.

–Lo siento, Liteu, hoy no soy un buen compañero. Es mejor que vuelva a casa, no debo dejar a mi madre sola tanto tiempo.

La joven extendió su mano y sujetó la de Ashida unos instantes.

–Ya sabes que puedes contar conmigo.

–Sí, lo sé. Disculpa mi frialdad –la emoción le embargó al decir las siguientes palabras–, mi madre es ahora casi todo lo que tengo. Por favor, dame tiempo, solo un poco de tiempo, estoy más confuso que nunca.

Bajó del árbol y volvió a casa.

Cuando Ashida llegó, su madre estaba encerrada en su habitación y no quería ver a nadie. Algunos familiares y vecinos se acercaron más tarde para consolarla, pero ella no cedió en su soledad, dejando a su hijo la ingrata tarea de despacharlos.

Ahora las sombras invadían la casa, el día había pasado con

pesadumbre y llegaba la primera noche sin Odda. El joven repitió, instintivamente, sin proponérselo, las tareas que su padre realizaba todas las noches: asegurarse de que las puertas y ventanas estuvieran cerradas, colocar la lámpara de aceite en la entrada, apagar el fuego de la chimenea... Cuando removió los trozos de leña consumida, se dio cuenta de lo que hacía y no pudo evitar que las lágrimas encharcaran sus ojos.

Al acabar las tareas se acercó sigiloso a la puerta de la habitación de su madre, y se esforzó en escuchar algo, pero solo se oía su respiración cansada, fruto de los prolongados sollozos. Parecía que dormía y decidió no molestarla. Había que dar tiempo al corazón para que se repusiera. Cenó un poco y se retiró a su cuarto, echándose sobre su cama sin desnudarse. Al poco llegó Wu-Ti que, después de medir todas las distancias con sus pequeñas patitas, se acomodó en un costado y se convirtió en una bola de pelo ronroneante.

–Vaya, gato malo –le dijo mientras le acariciaba el lomo–, ayer dejaste en ridículo a ese viejo perro Nobu. Bien hecho.

El gato levantó un poco la cabeza negra de la que colgaban largos bigotes, como si entendiese lo que su amo le decía, pero después volvió a su posición, encogiéndose aún más para no perder el calor.

–Qué suerte, Wu-Ti, que rápidamente te duermes.

Al joven le costó bastante más dormirse, pero al final el cansancio lo venció, sumergiéndole en un mar de ensueños tumultuosos. Las vivencias de las últimas horas se entremezclaban con recuerdos de su infancia, y siempre aparecía su padre, ora feliz ora triste, de modo que todos los recovecos de la memoria confluían en el mismo lugar: la forja donde le había dado un último abrazo. Se retorcía en la cama, se despertaba sudoroso, se volvía a dormir, en un ritual sin descanso.

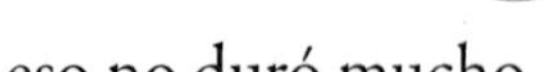

Pero eso no duró mucho.

Fuera de la casa aullaba el viento. Arrastraba las sombras retorciéndolas y convirtiéndolas en jirones. La luna, en cuarto creciente en un cielo despejado, bañaba con su luz mortecina la casa y el camino, por donde se arrastraba una sombra que ni el viento podía hacer desaparecer, escondiéndose como un ave de presa entre la hilera de pinos.

El misterioso visitante llegó a la casa y comenzó a rodearla buscando un lugar por donde entrar. Con cierta familiaridad fue examinando las puertas y ventanas y, no encontrando nada abierto, forzó la débil cerradura de la entrada principal y se coló en el interior del triste hogar.

Los cautelosos pasos se deslizaron por las habitaciones con confianza, como si conociese la distribución de las habitaciones, las esquinas, los muebles; caminando sigilosamente hasta llegar a la puerta del dormitorio de Moriya. Allí se quedó un momento, respirando con fuerza, hasta que con una sacudida enérgica descorrió la hoja hacia la derecha y entró.

Moriya dormía, como su hijo, inmersa en un mundo onírico construido con pesadillas, retorciéndose en la cama de vez en cuando, con espasmos, susurrando palabras indescifrables, sudorosa. El desconocido se colocó a su lado y se sentó al borde del jergón. Por un instante se detuvo. La miró, incluso pasó sus dedos por su fino y largo cabello, normalmente recogido, alisándolo, acariciándolo; despacio, sin prisa, hasta con cariño, como si la visión de la mujer despertara en él recuerdos borrosos. Entonces sus dedos se crisparon, dominados por una voluntad más poderosa que la del amor y, descubriendo el terso cuello, lo agarró con fiereza dispuesto a romperlo.

Moriya no tuvo tiempo de gritar, su brusco despertar provocó que una figura de cerámica cayera al suelo, rompiéndose en mil pedazos. El estrépito alertó a Ashida, trayéndolo, de su universo de pesadillas, a la pesadilla del mundo real.

El joven saltó de la cama lanzando a Wu-Ti por el aire sin contemplaciones, atajando la corta distancia que había entre su habitación y la de su madre. Cuando entró, la oscuridad no le dejaba ver nada; solo percibía vagas sombras zigzagueando con violencia por la estancia, pues su madre, aún consciente, intentaba zafarse de las garras del cruel asesino, con desesperación y sin éxito.

Ashida intentó distinguir quién era quién, hasta que en uno de los bruscos movimientos notó una forma mucho más grande lanzando contra el suelo otra más pequeña. Entonces, instintivamente, como si se hubiese despertado también su alma de guerrero, saltó no sin temor contra el extraño, intentando golpearlo con sus puños desnudos.

La maniobra surtió efecto. Aquel personaje misterioso, dejando de lado a la madre, se giró contra el muchacho, devolviendo golpe por golpe, con una saña y violencia que le desconcertó. No era simplemente el impacto de un puñetazo descarnado, no, Ashida percibía que cada golpe estaba cargado con odio, aunque también notaba que algunos eran refrenados, como si una doble voluntad luchara dentro del intruso.

Durante largos minutos pelearon sin darse cuartel. En la pequeña sala sus cuerpos iban de un lado a otro, chocando con las paredes, cayendo estrepitosamente al suelo, dando y recibiendo golpes sin medida. Aunque Ashida notaba que algo del entrenamiento en el Arte de las Sombras estaba aflorando automáticamente, sólo tenía diecisiete años, y aquel criminal parecía poseer una fuerza sobrehumana; además, era mucho más rápido y sanguinario a la hora de atacar.

En un descuido de Ashida, su contrincante le cogió de la cintura y, levantándolo por encima de su cabeza, lo lanzó sin contemplaciones contra la pared. El golpe fue atroz y el muchacho no pudo evitar las recias manos ni amortiguar el impacto. Cuando quiso darse cuenta, su cuerpo yacía en el entarimado y de su nariz rota manaba sangre. Un dolor punzante en la pierna izquierda lo dejó postrado unos instantes, los que aprovechó el asesino para dirigirse de nuevo hacia su madre.

El daño era brutal. Ashida hacía todo lo posible para vencerlo, pero era inútil. Su vista se nublaba y la inconsciencia le invadía. «¡No! –se gritaba a sí mismo–. ¡No! Mi madre, debo ayudarla. No puedo...».

Entonces algo ocurrió, algo horrible que lo dejó más paralizado aún. Al acercarse el criminal a su madre, desplomada sobre la cama e inconsciente, un rayo de luna cayó sobre el rostro del misterioso personaje, un rayo de luz mortecino que permitió al muchacho reconocerlo. Ashida no estaba preparado para ver aquello y le pareció que su corazón dejaba de latir. La visión fue fugaz pero clara: aquel asesino, aquel intruso que en medio de la noche había llegado a su casa para matarlos era... ¡su propio padre!, el cadáver demoníacamente vivo de su padre. Aquello fue lo último que se grabó en su retina antes de desmayarse.

Madre e hijo estaban indefensos. Todo presagiaba que su fin iba a ser rápido y funesto.

De pronto, con velocidad de pantera, otra sombra entró en la habitación portando una espada, e interceptó a Odda o lo que fuese aquel ser diabólico. Era Koba, el tío de Ashida.

El ser con apariencia de hombre se paró en seco y, soltando la cabeza de Moriya, que tenía agarrada por los pelos, se plantó frente al inesperado atacante. Parecía desafiarlo, preparándose para otra pelea desigual; confiado, como si supiese que iba a ganar fácilmente, al igual que había hecho con el chico. Pero todavía no había visto la espada.

En medio de la oscuridad, Koba se movió con cautela, rodeando al intruso, blandiendo verticalmente la katana. El mismo rayo de luna que atravesaba la habitación colándose desde un resquicio de la ventana se reflejó en su filo, despidiendo un haz que iluminó la cara del endemoniado. Éste, con un gruñido gutural que resonó por toda la casa, se apartó huyendo de la luz.

–Sabía que vendrías –dijo Koba–. El fallo en el ritual me advirtió.

Koba hablaba al intruso, pero éste solo producía guturales sonidos, mientras retrocedía amparado en las sombras, huyendo de la luz reflejada por la espada. Parecía un ave de presa al acecho, un felino dispuesto a atacar, dispuesto a saltar sobre su víctima al primer descuido; como un tigre acorralado.

La tensión se podía cortar, y ambos personajes la soportaban preparándose para lo peor, para enfrentarse en un combate sin tregua, dispuestos a matar al adversario. «Pero –pensó Koba–, ¿se puede matar a quien ya está muerto? Sí –se contestó a sí mismo–. Ya lo he hecho antes».

Entonces un sollozo disolvió la nube de incertidumbre. Era Ashida que recobraba la conciencia. Fue un gemido pobre y ligero, pero suficiente para desatar la presión contenida, para que el ser lo aprovechara saltando sobre Koba.

De un manotazo tiró la espada al suelo y, velozmente, cogió con su mano derecha la garganta, elevando el recio cuerpo de Koba por el aire y estrellándolo contra la pared. Sus manos y pies golpeaban al criminal, pero sólo producían sacudidas inarticuladas. Al poco los ojos se le volvieron vidriosos y el ros-

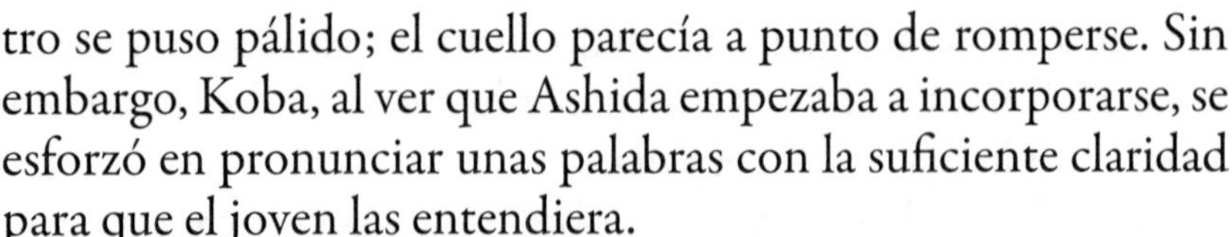

tro se puso pálido; el cuello parecía a punto de romperse. Sin embargo, Koba, al ver que Ashida empezaba a incorporarse, se esforzó en pronunciar unas palabras con la suficiente claridad para que el joven las entendiera.

–La... espada. Usa-la-espada.

El muchacho estaba paralizado por el terror y reaccionó lentamente, pero reaccionó; la vida de su tío estaba en peligro, y si él caía, seguramente le seguirían su madre y él mismo. Así que, aún con un pie dolorido, cogió la espada del suelo y la elevó por encima de su cabeza, dispuesto a usarla sin contemplaciones contra aquel ser infernal que se parecía a su padre.

Éste se dio cuenta de la maniobra del muchacho y, vertiginosamente, tan rápido que Ashida casi ni lo vio, retorció el cuello de Koba y lo dejó caer al suelo, dirigiéndose ahora contra él.

La espada estaba en alto y la posición de Ashida era perfecta, de modo que, ni la velocidad ni la audacia del intruso fueron suficientemente rápidos: la hoja cayó verticalmente y alcanzó el brazo del criminal rasgando la carne.

Eso fue suficiente. El intruso dio un grito y se apartó tambaleando al sentir el punzante dolor. Ashida no entendía por qué se quejaba tanto, ni siquiera salía sangre de su herida abierta.

Desde las sombras lanzó una última mirada de fuego rojo al muchacho y, tal como vino, se fue.

Ashida se mantuvo en la posición de ataque aún unos minutos, petrificado por el miedo y por el estupor, pero reaccionó cuando vio que su tío estaba agonizando. Tiró la espada y se lanzó a sus pies; le cogió entre las manos la cabeza y escuchó sus últimas palabras:

–Ashida... tu padre ahora... es un Bhutân... Habla con el monje... pídele ayuda... él te dirá qué debes hacer...

Un hilillo de sangre brotó de su boca, cayendo en los dedos

del muchacho. Acababa de perder otro ser querido. Al menos, comprobó minutos más tarde, su madre se encontraba magullada e inconsciente, pero estaba viva.

El vampiro dotado de mágicos poderes retornó a su guarida, mientras el príncipe de alma resuelta corría tras él para apresarlo por la fuerza.
Cuentos del Vampiro

LA VOZ DE LA SABIDURÍA

El joven salió de su casa aturdido. Minutos antes había avisado a su tía Tsu Yen, dándole la terrible noticia sobre la muerte de su marido, y dejaba en ella la responsabilidad de cumplir los rituales del sepelio. Koba había dejado escrito en su testamento que quería ser incinerado. Su última voluntad fue que Ashida fuese a ver al monje, pues él tenía las respuestas que necesitaba, y eso iba a hacer.

Su madre estaba traumatizada, al borde de la locura, y se había encerrado en sí misma más todavía, pronunciando el nombre de Odda cargando las silabas de un sentimiento espeluznante de terror.

Llegó hasta el templo sintoísta, a la Gran Pagoda, y buscó entre sus estancias decoradas con sencillez a Pao Pu'Tzu. Allí no había nadie, sólo la imagen del Buddha Amida, el *Bendito*, en perfecta posición de meditación zen, y el aroma de inciensos y perfumes que no supo identificar. A su derecha, como era costumbre en estos templos intersección entre el mundo material y el mundo espiritual, un espejo, símbolo de la diosa Amaterasu, le devolvía su triste reflejo.

Preguntó a varios vecinos por el monje, y descubrió al fin que se hallaba en la colina de Rian'Tse, realizando sus ejercicios matutinos de *prânâyâma*. Se dirigió hasta allí observando cómo la gente lo miraba de reojo, con una mezcla de curiosidad y respeto, intentando no molestar. Las noticias corrían rápidas en una aldea tan pequeña.

El lugar no estaba lejos. Desde la distancia se podía vislumbrar la altiplanicie y el Hokora situado en lo alto, rodeando una enorme roca, gigantesca y solitaria, considerada por los ancianos como un Kami local.

Bajo sus columnas de enebro, primorosamente pulidas y barnizadas, sentado en *padmâsana* a la sombra de la enorme roca, el monje terminaba unos ejercicios respiratorios y se disponía a practicar unos minutos finales de meditación.

Estaba con los ojos cerrados y, al parecer, ajeno a lo que ocurría a su alrededor; no mostró ningún indicio de oír llegar a Ashida. El joven respetó el silencio del monje y esperó un tanto ansioso a que acabase. Al poco, sus ojos siempre alegres se abrieron y se posaron en él. Una sonrisa iluminó su rostro.

–Mi buen amigo Ashida, ya estás aquí. Te esperaba. Por favor, siéntate a mi lado.

Ashida obedeció.

–Sé lo que ocurrió anoche, porque tu tío me lo ha contado. No, no pongas cara de sorpresa. Estos cuerpos son solo cáscaras, marionetas en manos del alma, armaduras que utilizamos para batallar en la vida. Cuando morimos los abandonamos, como hace el titiritero con sus muñecos. Anoche Koba, al abandonar su cárcel de carne, me visitó y me contó lo sucedido. Tu gato rompió la concentración de Nobu y eso permitió al Bhutân entrar dentro de tu padre. Ahora es su prisionero y lo utilizará para satisfacer sus deseos de carne y sangre.

El joven oía a Pao Pu'Tzu y le parecía estar adentrándose en un universo de magia y misterio. No le eran ajenas las doctrinas que profesaba el monje sintoísta, porque las había oído antes en boca de su padre, de su tío y de otras personas del pueblo, pero nunca les dio importancia, ni siquiera se había parado a pensar en ellas. Ahora, sin embargo, después de lo sucedido, su entrada en el mundo de los adultos le estaba llevando por derroteros tortuosos llenos de superstición y mitos; pero también de realidades tan concretas como los moratones que el ser con apariencia de Odda le había producido esa misma noche.

Después de lo visto con sus propios ojos, podía aceptar cualquier cosa.

–Señor, ¿qué es un Bhutân exactamente? ¿Cómo puede existir un ser así?

Pao Pu'Tzu contestó con agrado, deseoso de instruir a aquella alma virginal que tenía delante.

–Cuando un hombre muere, su alma debe volar al mundo de los Kamis, porque cada hombre es una semilla de Buddha que se convierte en Kami al morir. Allí puede descansar hasta que le llega el turno de reencarnar y retomar las lecciones de la vida. Es como el día y la noche, la actividad y el descanso. Hay hombres que marchan de este mundo rápidamente, sin entretenerse más en el juego de las ilusiones que llamamos existencia, pero hay otros que se quedan atados a este astro a causa de los deseos y pasiones. Sus propios deseos obscenos y sus ambiciones egoístas los atan tanto a este universo, que ya no pueden retornar a su patria celeste. El puente de luz se rompe, y quedan solos y olvidados en un orbe de crepúsculos, lugar intermedio entre el cielo y la tierra.

»El Bhutân es una sombra que vaga errante por el mundo, y busca ansioso volver a meterse en un cuerpo para saciar sus impíos apetitos todavía no extintos. Cuanto más tiempo permanece en esa cárcel gris, más degenerado se torna, convirtiéndose en una terrible alimaña que se desliza por el lado más oscuro de la vida.

»No está muerto pero tampoco está vivo. Añora las emociones fuertes del crimen y la desdicha, alienta a los asesinos para poder absorber los hálitos sanguinolentos de sus acciones. A menudo vive en los cementerios, esperando presas fáciles entre la marea de cadáveres que mueren en sus costas deshabitadas, como tu padre, para vampirizarlos.»

El día era apacible y estaba bañado por el calor y la luz de un sol resplandeciente, pero las terribles palabras que pronunciaba el monje parecían cubrirlos con un manto de oscuridad. Ashida mostraba en su rostro el espanto que la sabiduría de Pao Pu'Tzu provocaba en su corazón.

–Entonces, mi padre ha sido poseído por ese ser infernal.

–Sí, y ahora utilizará su cuerpo para saciar su apetito infinito. Buscará, como intentó anoche, acabar con la que fue su familia, y lo hubiera conseguido si no llega a sacrificarse Koba por vosotros. Pero todavía hay algo más terrible que lo que te he contado.

–¿Qué puede ser más terrible?

–La suerte de tu padre. Su alma está ahora presa, como el Bhutân, entre el cielo y el infierno. Mientras esa bestia sanguinaria habite el que fue su cuerpo, su alma no podrá volar al mundo de los Kamis y, si permanece mucho tiempo en ese estado, podrá convertirse también en otro horrendo vampiro.

Ashida estaba aterrorizado.

–Hay que hacer algo. Usted, con toda su sabiduría, ¿es que no conoce un remedio? ¿Nadie ha podido vencer a un Bhutân? ¿Es imposible?

–Bueno –el monje se acariciaba la afeitada cabeza con un gesto ya habitual–. Se puede luchar contra un Bhutân, anoche lo hicisteis vosotros; seguramente descubriste que su fuerza corporal es inmensa. En realidad, solo hay dos cosas que pueden vencerlo.

–¿Qué cosas? Dígamelo, por favor.

En Ashida se había despertado el alma de guerrero. Sin proponérselo, conforme escuchaba al viejo monje, sus ansias de venganza se multiplicaban y, al saber que había una manera de liberar a su padre, pensó que también habría una manera de liberarse a sí mismo de la carga de la culpa.

Pao Pu'Tzu notó todo eso y más.

–Como viste ayer, inquieto y temerario joven, el Bhutân teme a las espadas.

–¿Por qué?

–Calla, escucha y aprende –sentenció–. Las espadas son mucho más que un arma de guerra, son utensilios mágicos; su forma y su simbolismo las convierte en poderosos objetos cargados de poder, más aún si están fabricadas con materiales adecuados y con los ritos correctos. Un símbolo es un talismán contenedor de fuerzas misteriosas.

»Al igual que el filo de una espada puede cortar la carne humana, también puede cortar su forma intangible, porque, aunque invisible al común de los mortales, es sustancia; mucho más sutil, pero sustancia al fin y al cabo: materia. Y la materia se puede destruir. Aunque el Bhutân esté dentro de tu padre, el corte del sable puede dañarlo y provocarle mucho dolor. Por eso los monjes que viven como anacoretas en lugares desolados duermen con espadas, e incluso muchas familias tienen como costumbre tener un sable como decoración en las habitaciones, porque ahuyentan a los espíritus que saben que con ellas pueden ser cortados. Lo importante es conseguir que el Bhutân salga del cuerpo de tu padre, entonces podrás destruirlo con la katana.»

–¿Y cuál es la segunda arma?

–Esa no es visible, hijo.

–¿Cuál es?

–El amor. Solo tu amor puede liberar a tu padre. El amor no es ese sentimiento blando y sentimental que muchos creen, Ashida. El amor –y escucha bien porque éste es un gran misterio–, es la fuerza que mueve el Universo. Amor es poder, energía, es la capacidad de vencer todas las dificultades para conseguir que otro ser humano sea dichoso.

Amor. Terrible palabra para Ashida, sumergido en un mar de confusiones, de contradictorios sentimientos sobre su padre. Podría entender lo que era pelear con una espada, pero con el amor...

–El tiempo apremia, Ashida, alma de guerrero. No solo hay necesidad de detener al Bhutân para liberar a tu padre, sino que mientras merodee alrededor del pueblo muchas personas corren peligro.

–¿Yo podré?

–Esa respuesta no puedo dártela. Hay maneras mágicas de conocer el pasado, incluso el más remoto, pero el futuro... Aunque las líneas directrices del cosmos están escritas y las montañas finales están a la vista, los caminos que llevan a ellas son infinitos.

Ashida bajó la cabeza y se quedó pensativo, valorando todas las implicaciones inmersas en lo que le había contado el extravagante monje. Debía tomar una decisión y, además, inmediatamente.

El monje sonrió.

–Estupendo, muchacho –Pao Pu'Tzu adivinó los más íntimos pensamientos de Ashida–. Sólo una cosa más. Te ruego fabriques una espada nueva para la ocasión y que lo hagas utilizando los ritos más antiguos conocidos y protegidos por los Señores del Fuego. De la misma manera que se fabrican espadas para diferentes tipos de batalla, hay métodos específicos para fabricar espadas mágicas, contenedoras del Fuego Serpentino, habitáculos para los poderosos Kamis. Busca en la forja de tu padre, porque allí dejó para ti un regalo de sabiduría.

Ashida asintió y, sin más preámbulos, se levantó y saludó al monje, marchando a cumplir su incierto destino.

Pero antes fue al bosque Kiu-T'se y colocó una cinta azul en la rama del cerezo marchito.

Sí, el corazón de los grandes es imperturbable como los océanos.

Cuentos del Vampiro

EL NIN-PO MIKKYO

El monje había hablado. La Voz de la Sabiduría. Sin embargo, la responsabilidad reposaba sobre los hombros de Ashida, y no estaba seguro de poder soportarla. Ante la presión de los últimos acontecimientos, recordó las palabras de su padre cuando lo instruía en la forja: «Hijo, una cosa detrás de otra. No corras. Céntrate en la tarea del momento y, cuando esté concluida, ve a la siguiente». Eso iba a hacer, aunque antes tenía que preparar una estrategia, un plan para el que necesitaba la ayuda de su mejor amiga: Liteu.

Se dirigió al lugar de encuentro, el rincón del bosque en el que quedaban cuando uno de los dos colocaba el lazo azul en el cerezo marchito, ahora ese lugar era el roble de su último entrenamiento.

Al llegar al pequeño claro del bosque Liteu ya se encontraba allí, de pie y con la espalda apoyada en el tronco, como siempre, en una posición que le protegía la retaguardia y le permitía observar los alrededores. Cuando vio a Ashida se irguió y se adelantó hasta él expectante.

–Hola, Ashida, ¿estás bien? He oído que tu tío también ha muerto y que algo extraño ocurrió anoche en tu casa, pero... ¿qué son esos moratones? Tienes la nariz ensangrentada.

–Es cierto, ayer pasó algo terrible, Liteu, algo que no termino de comprender, aunque el monje Pao Pu'Tzu ha intentado explicármelo. Mi padre... –a Ashida se le atragantaron las palabras.

–Dime, cuenta –insistió Liteu preocupada.

El joven pensaba que lo que iba a contar sonaría como los desvaríos de un loco.

–Mi padre volvió ayer a casa. Salió de la tumba, despertó de entre los muertos, qué se yo. Debió de engañar a los Nassesalares y burlar el enclaustramiento de la Torre del Silencio; pero volvió convertido en un monstruo.

–¡Tu padre ha sido poseído por un Bhutân! –afirmó la muchacha–. ¡Por el sagrado manto del Buddha, qué horror!

A Ashida le sorprendió que Liteu supiera sobre el Bhutân.

–¿Cómo? ¿Tú sabes lo que es un Bhutân?

–Por supuesto. No te extrañes, recuerda que mi clan practica el Arte de las Sombras. El Ninjutsu trata de las artes guerreras, de las que algo te he enseñado, pero el Nin-Po Mikkyo, «el Conocimiento Secreto», indaga en el concepto más escondido de la Naturaleza. El Nin-Po despierta los poderes ocultos, y algo de esos arcanos he aprendido, aunque soy joven para profundizar mucho, y es terrorífico completar la instrucción. Sé bastante como para conocer la existencia del Bhutân y de seres todavía más terribles que habitan en el lado oscuro de la vida y del hombre. El verdadero ninja debe conocer y dominar los dos lados. ¿Así que ayer te enfrentaste a uno... y sigues vivo? Eso es mucho. Estoy orgullosa.

Había un tono de reconocimiento y respeto en la última frase de la joven.

–No es nada agradable lo que ayer ocurrió, Liteu. Demonio o no, tenía la forma de mi padre. Era él, te lo aseguro, pero su fuerza y brutalidad eran increíbles. Fue gracias a mi tío que mi madre y yo pudimos salvarnos.

–Vaya –Liteu se atrevió a esbozar una sonrisa–, entonces ayer te estrenaste como guerrero. Ese era tu sueño.

–Ayer luché por sobrevivir y salvar a mi madre.

–Y bien, ¿por qué luchan si no los guerreros?

–Quizás tengas razón, pero no fue agradable. Y esto todavía no ha acabado.

–¿Quién dijo que pelear era agradable? Ya te advertí. Has oído muchas historias de samuráis y ronins. La realidad es siempre más cruda.

Ashida asintió, como siempre hacía con Liteu. Aquella chica, aunque tenía su misma edad, era más sabia que él.

–Aún hay más. Esta mañana he hablado con el monje. Escucha.

Se sentaron debajo del árbol, ajenos a las cálidas caricias del perfumado viento de la tarde, y el joven contó a la kunoichi lo que el monje le había trasmitido. Después continuó:

–Por eso he de ir a la herrería de mi padre, a fabricar una espada. Pero forjar una espada con el rito antiguo de los Señores del Fuego cuesta, como mínimo, dos semanas o más, incluyendo la purificación previa. He de conseguir hacerlo en menos tiempo, pero no sé si podré, porque he de seguir las indicaciones de un tratado que mi padre ha dejado para mí. Según Pao Pu'Tzu, dos semanas, en estas circunstancias, es una eternidad. Por eso te he llamado, porque necesito tu ayuda, si es que puedo contar contigo.

Liteu lo miró con sus fascinantes ojos grandes y cristalinos, sin parpadear. La muchacha, poco a poco, refrenando sus propios sentimientos, había permitido a su corazón querer a Ashida; tras sus juegos y travesuras existía un querer oculto. ¿Por qué dejaba todo cada vez que él la llamaba? ¿Por qué se arriesgaba a enfurecer a su familia? ¿Por qué, pese a su preparación ninja, ante él siempre estaba un poco nerviosa?

–Pídeme lo que quieras, Ashida.

–Será peligroso y no podrás ocultárselo a tu padre.

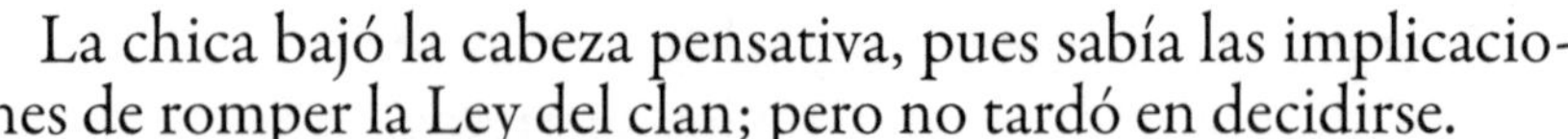

La chica bajó la cabeza pensativa, pues sabía las implicaciones de romper la Ley del clan; pero no tardó en decidirse.

–No importa. Me arriesgaré.

Mientras hablaban, los dos jóvenes se habían incorporado y ahora se encontraban frente a frente. Se quedaron quietos, inmóviles, mirándose como si se viesen por primera vez, observándose mutuamente el pelo, el rostro, los ojos, la boca; interrogando a las vidriosas pupilas, intentando intuir lo que el otro pensaba, esperando a que una ráfaga de viento hiciese lo que no se atrevían a hacer.

Ashida levantó su brazo derecho y acarició con su mano, aún tintada en sangre, la tersa piel de Liteu, acariciándola con delicadeza extrema, y con la izquierda la cogió de la cintura y la atrajo hasta sí, sin resistencia. Los dos cuerpos se fundieron en uno, sintiendo sus formas, su calor, la pasión contenida, embriagándose en la unión del ying y el yang, al tiempo que sus labios se deshacían tan dulces como la miel.

Por un instante, con los ojos cerrados, envueltos en su cálido abrazo, unidos en cuerpo y alma, fueron ajenos al mundo, a las desgracias, y se sintieron felices, invadidos por una emoción más antigua que el tiempo; la causa, como ya dijera el sabio monje, de que el Universo existiera.

La Luz es Agni, Agni es Luz. Aquél que es Luz su nombre es Luz...

Agni se ofrece a sí mismo en sacrificio en el sol naciente y el sol estable se ofrece en sacrificio al fuego del atardecer.

La noche se sacrifica por el día y el día por la noche.

Rig Veda

AL ACECHO

Ashida se había encaminado a la forja de su padre, ahora su forja, y Liteu, fiel a la palabra dada, estaba en casa de su amigo dando protección a las dos mujeres, pues la esposa de Koba había venido a cuidar y a hacer compañía a Moriya.

Conociendo cuáles eran las costumbres del Bhutân, Liteu se aseguró de establecer una rigurosa estrategia de defensa. Dormía de día y hacía guardia de noche. Cuando las sombras de los pinos se alargaban, encerraba a las dos tristes esposas y a Wu-Ti en su habitación con doble cerradura. Sin embargo, la puerta principal de la casa la dejaba abierta, para tener controlado el que sería, probablemente, el lugar de acceso del cadáver andante.

Por lo demás, la joven exigió que el hogar fuese purificado y en cada esquina se pusiese un cuenco con perfume; el incienso emanaba las veinticuatro horas de los palos de sándalo. Sobre todo, no debía prepararse ninguna comida que implicase derramamiento de sangre. Era muy importante cumplir esta norma estrictamente, pues los vapores de la sangre viajaban raudos llevados por el viento y podrían despertar, más si cabe, el apetito del Bhutân.

El Bhutân era una bestia salvaje, por más que ocupase el cuerpo de un hombre civilizado, y sus instintos eran los de los animales de presa. Sentía el miedo de las víctimas, olía su desesperación y se servía de su descontrol para darles caza.

Durante tres noches montó guardia, subida en lo alto de las vigas que cruzaban por lo alto de las habitaciones, vestida con su shozoku negro para poder mimetizarse con el entorno, acechando al acechador.

Además, tenía preparados unos cuantos trucos elegidos cuidadosamente del repertorio del Arte de las Sombras, con los que quería recibir al vampiro como se merecía. La entrada de la casa estaba sembrada de *tetsubishis*, pequeñas tachuelas de hierro triangulares con puntas muy afiladas, que esperaban clavarse en la planta de los pies del Bhutân. Al ser lo que era, un cadáver andante, tal vez no le hiciesen mucho daño, pero lo delatarían. Después pensaba utilizar estrellas *shuriken* y polvos envenenados.

Ahora la negrura lo envolvía todo. El cielo se mostraba límpido, sin nubes, y la ausencia de luna volvía casi impenetrable el manto de oscuridad; era como si el espacio negro y profundo llegase hasta la superficie de la tierra y se lo tragase todo.

«Vendrá esta noche –pensó Liteu–, es lo que yo haría. La noche sin luna le da ventaja.»

Sentada en un travesaño del techo de la entrada, fundida con las sombras, expectante, reflexionó sobre su decisión. Había dado su palabra a Ashida y, sin dar explicaciones, salió de su casa llevándose la espada que el joven le fabricara y algunas armas ninjas.

No sabía qué razones daría a su padre si volvía sana y salva; tal vez que había aceptado una misión. Pero eso no colaría, porque su padre le pediría el dinero pagado, un ninja no aceptaba una misión si no había una buena recompensa, y aun así sería castigada, porque en el clan era el Jonin quien asignaba las misiones.

«Para qué engañarse –se decía a sí misma–, termine como

termine esta aventura, mi padre se enterará de todo, pues tiene espías en todas partes, y me castigará por infringir la Ley.»

Se imaginó por un momento los terribles castigos que podría sufrir, pues ya había visto algunos; el clan ninja era una sociedad secreta que debía protegerse a sí misma. Ésa había sido su consigna en las generaciones pasadas, y nada era más odiado por el clan que la traición o la desobediencia. Todo eso se borró por arte de magia al recordar la desgracia de su amigo y la promesa dada.

«¿Amigo? –se preguntaba Liteu–, ¿sólo eso?»

Ahora no importaba lo que le deparase el futuro, debía borrar esas ideas de su mente y concentrarse en el aquí y el ahora.

Mejoró su postura y aprovechó para autosugestionarse practicando los ejercicios corporales del Junan Taiso y la meditación Meo-So. Pocas personas conocían el verdadero conocimiento y poder de los ninjas y, aunque algo le había contado a Ashida del Nin-Po, no le explicó todo su alcance.

Recordó fugazmente cómo ella misma sufrió, hacía menos de seis meses, la trepanación que facilitaba el despertar de la conciencia. Su padre le hizo tomar unas hierbas para aliviar el dolor y, ceremoniosamente, le cortó la piel del cuero cabelludo –unos quince centímetros–, para dejar al descubierto la parte superior del cráneo. Luego cogió un cincel e hizo unas pequeñas incisiones en el hueso frontal, con golpes precisos y un cuidado exquisito. No le hizo daño en ese momento, ni cuando cosieron la piel, pero durante muchas semanas notó una grave molestia en la cabeza, un dolor suave pero constante y visiones tortuosas en sus escasas horas de sueño.

Ahora todo eso no importaba.

Terminó de preparar su espíritu y de sensibilizarse con la oscuridad. Sus oídos se agudizaron escuchando con total nitidez

los miles de ruidos que producen las casas por la noche, incluso los de los alrededores, identificándolos y clasificándolos automáticamente. Además, perpetuando un antiguo rito que decían provenía de las enseñanzas esotéricas del mismo Buddha Shâkyamuni, expandió su aura para que abarcase hasta cinco metros alrededor de la casa, de modo que cualquier presencia extraña fuese detectada. Notaba el aura de las dos mujeres, la del gato y la de los pequeños roedores y aves que cruzaban cerca del hogar roto.

Entonces ocurrió.

Primero fue una sensación de angustia en su aura que casi le hace vomitar, como si hubiera sido contaminada por un veneno mortífero, y luego fue el crujir de los pies pisando los triángulos metálicos, sin que el ser produjera ni un solo gruñido de queja.

Ya estaba allí el Bhutân. Había vuelto buscando su presa, con la intención de terminar lo empezado: la destrucción de la familia de Odda, su prisionero, con el que practicaba una cruel venganza.

Liteu observó desde lo alto la entrada. La puerta estaba abierta de par en par, sin disimulo, y la débil lámpara de aceite proyectaba hacia el interior la sombra del ser que era en sí mismo una oscura sombra, y que se erguía desafiante en el umbral.

La joven pudo detectar, con sus agudos ojos, el rostro del Bhutân a contraluz. Era un rostro demoníaco, deforme, en el que resaltaban unos ojos rojos especialmente grandes y una boca en la que se habían desarrollado exageradamente los caninos y los molares; contrastando con una piel blanca como el sudario pálido de un muerto. En aquella boca aún permanecía sangre reseca.

Pese a todo, pese a la transformación, los rasgos eran claramente de Odda, el padre de Ashida. Pocas veces había visto la muchacha que el mal se exteriorizara tan claramente en el físico de una persona.

El Bhutân no hablaba. Permanecía impasible en la entrada. Era la encarnación del mal.

Liteu, un poco asustada, permaneció quieta como una estatua, observando la mirada demoníaca que registraba la estancia en busca del cazador. Los pies de la bestia estaban amoratados y sangraban a causa de las hendiduras producidas por los tetsubishis, pero no parecía preocuparle.

Dio un paso adelante, dos, tres y, cuando salvó la zona de triángulos metálicos, se quitó dos que se le habían quedado clavados, como el que se quita una hoja, dispuesto a continuar sin más preámbulo.

En ese instante Liteu lanzó una bomba de humo y se metió algo en la boca, saltando desde la viga de madera, al tiempo que desenvainaba la espada y cogía la vaina llevándose un extremo a los labios, todo tan rápido como un pensamiento. Mientras se retorcía en el aire protegida por la humareda y caía como un gato, sopló por la vaina lanzando sobre el Bhutân el *metsubushi*, un polvo negruzco. Era un potente veneno que podía matar a un hombre corpulento, e incluso a un fornido oso.

Qué equivocación. El Bhutân no respiraba, y el cuerpo que usaba como vehículo no podía ser envenenado, ni siquiera le podían hacer mella los efectos paralizantes; tan solo consiguió envolverlo en una nube de negrura que cubrió su maniobra evasiva.

El Bhutân se dirigió hacia ella, como si pudiese ver su sombra negra en la penumbra, y clavó sus ojos hipnóticos en sus pupilas. Eran poderosos soles rojos que consiguieron lentificar sus movimientos. Pero ella era una kunoichi, una mujer ninja.

Había sido entrenada para ver cara a cara al mal que habita en los corazones de los hombres y en el lado oscuro de la naturaleza, y aquellos abismos rojos no lograron intimidarla.

Con gesto certero sacó de su cinto varios *shurikus* y los lanzó a los puntos estratégicos del cuerpo humano, donde, al clavarse, debían producir terribles daños en el sistema nervioso. De nuevo se equivocó, pues las estrellas de metal no intimidaron al Bhutân. Liteu parecía no recordar, llevada por la desesperación, que luchaba contra un cadáver animado diabólicamente, y que con él no servían las mismas estratagemas ninjas tan útiles con los vivos. No había un sistema nervioso que dañar, aquello era una máquina de matar que ahora avanzaba con fría determinación en su dirección.

Estaba acorralada. Aun así saltó hacía la derecha, para lanzar las estrellas metálicas con púas. Se había colocado en una esquina y ahora el ser demoníaco aprovechaba la ventaja para acorralarla sin dejarle ninguna vía de escape. Eso había sido otro error.

La chica contempló el poderoso cuerpo con su caminar desdeñoso y seguro, y recordó lo que le contara Ashida del poder de las espadas. Entonces sacó su querida arma y la levantó hacia lo alto, con un gesto de triunfo, pero no tuvo tiempo de usarla, el Bhutân se adelantó a sus movimientos y, antes de colocarla en posición, la golpeó con fuerza y la lanzó lejos de Liteu.

Ahora sí que estaba perdida.

No tenía espacio para maniobrar y sabía que no podía enfrentarse cuerpo a cuerpo con aquella bestia; pero no le quedaba más remedio. Se concentró y utilizó el poder de la Mano Vacía para llevar todo el peso de su cuerpo y su energía al puño derecho. Triplicando de esta forma su fuerza, arremetió contra el monstruo con precisión absoluta, golpeándole en el plexo solar.

El Bhutân se detuvo en seco, e incluso se tambaleó. Aquel golpe secreto no solo impactaba con una fuerza devastadora, sino que, aplicado al plexo solar, producía una vibración que el pecho expandía como caja de resonancia, logrando que la vibración se extendiera por todo el cuerpo y reventara venas y arterias, los pulmones y otros órganos importantes; aplicado a un hombre normal el efecto era como si explotase por dentro.

Por un momento, por un leve instante, al ver retroceder al ser infernal con un gesto que parecía dolor en su deformado rostro, Liteu creyó que tendría una posibilidad, y en lo que dura un parpadeo pensó que, si ella acababa con el Bhutân, la pesadilla concluiría, y liberaría a Ashida. Al pensar eso también se dio cuenta de que, matando al Bhutân, también condenaba a Odda.

Entonces dudó.

Y el Bhutân notó su duda.

Ante los ojos de la muchacha, el ser recobró su porte ominoso y, como si no hubiera pasado nada, se dirigió de nuevo hacia ella, implacablemente, como un alud.

No había escapatoria. Su duda la había vuelto lenta y no pudo evitar el brusco ataque del Bhutân. Cayó a un lado, rodando como sabía hacer para amortiguar el impacto contra el suelo, y, cuando quiso incorporarse, allí estaba el ser para golpearla de nuevo.

Una y otra vez la atroz bestia atacó a la chica sin misericordia, lanzándola a lo largo del pasillo, masacrándola, lacerando su tersa piel, hasta que cayó definitivamente al suelo inconsciente, llena de magulladuras, cubierta de sangre, con la nariz partida y manando sangre de sus finos labios.

Sus párpados dejaban caer una neblina roja sobre sus ojos, a través de la cual podía ver el deformado rostro esbozando algo parecido a una macabra sonrisa. Invocó a Marishi-Ten, realizando el mudrâ Ongyō, que supuestamente podía volverla invisible ante el enemigo, pero no dio resultado. Ejecutó con gran dificultad los nueve gestos mágicos, los Kuji-Kiri, que debían procurarle la asistencia de los dioses, pero tampoco; Yaso-Maga-Tsu-Hi, la divinidad de las múltiples calamidades, la había condenado.

Vio cómo se acercaba hasta ella, hasta el punto de poder oler su nauseabundo aliento, semejante al gas que generan los cuerpos al descomponerse, y se dio cuenta de que iba a morir. Entonces se relajó y serenó su espíritu esperando el golpe final. Tan solo lamentaba haber fallado a Ashida. Si ella, entrenada en el Arte de las Sombras y en la Vía de los Poderes, no podía vencer a aquel demonio viviente, menos podría su amigo.

Pero el Bhutân, incomprensiblemente, no siguió golpeándola, no, preparaba algo más atroz, un espectáculo privado para su víctima.

Cuando vio que retrocedía, Liteu no comprendió qué pasaba, pero al ver que se dirigía a la habitación de Moriya, intuyó lo que iba a ser la cruel venganza del Bhutân. Ante sus debilitados ojos y su entumecido cuerpo, el endiablado ser rompió sin miramientos la fina puerta del dormitorio y sacó a las dos mujeres, que se deshacían en gritos y súplicas.

La joven intentó levantarse, pero su cuerpo no respondía. Sus huesos estaban rotos, como su voluntad; y su espíritu, quebrado. Solo podía mirar sin pestañear aquella escena horrenda que se desarrollaba en su presencia.

Sin contemplaciones, a poca distancia de la joven, el Bhutân levantó a las dos mujeres por encima de sus hombros y estrelló sus cabezas. Los gemidos se acallaron con el ruido seco de los dos cráneos al romperse, y con el sordo caer de los cuerpos sobre el entarimado de madera.

Más feroz que una alimaña hambrienta de los bosques umbríos, y más salvaje que los buitres de la Torre del Silencio, el Bhutân rompió las suaves vestiduras de seda de las mujeres, rasgando la débil piel de sus cuerpos.

Su ya roja boca se enfangó con la carne destrozada en sus mandíbulas, y sus manos, antes pálidas de muerte y ahora bañadas en el cálido fluido de aquellas pobres y desdichadas mujeres, parecían guantes rojos con jirones de carne pegada. Fiel a su razón de existir, a su pasión sin mesura, aquel demonio encarcelado dentro de un hombre y poseedor de su cuerpo marchito, dio rienda suelta a sus más sangrientas pasiones. Y Liteu, la joven kunoichi, la mujer ninja, solo pudo contemplar impertérrita aquel acto de locura, algo que no podría olvidar el resto de su vida, si es que sobrevivía.

A poco de amanecer y después del festín, el Bhutân pasó su mano ensangrentada por la cara de Liteu y después se fue. Había decidido no matarla, pero el holocausto realizado en su presencia era algo peor que la muerte.

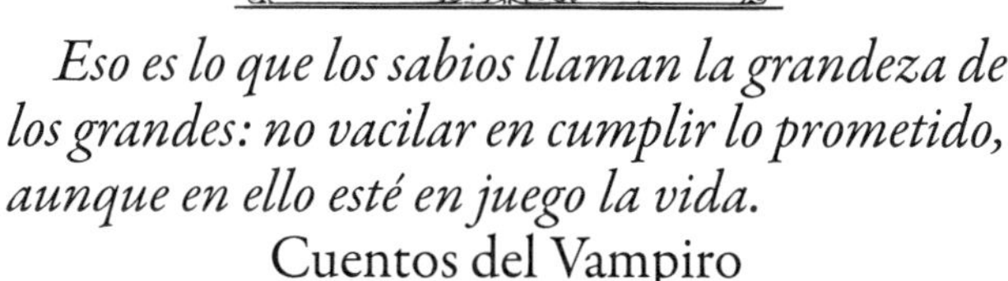

Eso es lo que los sabios llaman la grandeza de los grandes: no vacilar en cumplir lo prometido, aunque en ello esté en juego la vida.

Cuentos del Vampiro

LA FORJA DE LA VENGANZA

Después de hablar con Liteu, Ashida se había marchado para construir la espada, la que el monje dijo que necesitaría para luchar contra el Bhutân. Y allí estaba, en la desolada herrería, último lugar en el que fue feliz, por unos instantes, con su padre. Se encontraba desamparada, como si las salamandras y demás seres que habitan en el fuego y que conviven con los herreros se hubieran ido.

Entró en la parte cerrada y cubierta de la forja y buscó en los estantes de su padre, donde se amontonaban rollos de pergamino con diversos diseños, muchos de ellos todavía sin plasmar. Con perfecta caligrafía, digna del más instruido samurái, su padre había escrito las reglas de su arte en caracteres antiguos, bellos e impecables.

Los fue revisando detenidamente, pasando la vista por los textos y dibujos, pletóricos de enseñanzas, hasta que encontró el pergamino que buscaba: un largo rollo escrito con letra pequeña que explicaba el viejo rito de fabricar espadas. Un rito, según contaba su padre, que el mismo dios Yu enseñó al Primer Herrero en la Montaña Primordial, y que no sólo permitía construir el arma más bella y perfecta del mundo, sino que mostraba cómo dotarla del milagro de la vida.

La Vida, decía el manuscrito, es Fuego.

Al leer estas y otras enseñanzas, Ashida entendió por primera vez la pasión de su padre. Él veía más lejos, más allá del esfuerzo y del cansancio, más allá de la dura jornada de trabajo y las incomodidades del oficio. Él veía el Arte, la Belleza, y ponía en cada objeto fabricado su Ser Inmortal. Y ahora él, su hijo, iba a hacer lo mismo, iba a realizar la ceremonia milenaria que hermanaba a los Hijos de la Llama Eterna con los dioses.

Después de memorizar las instrucciones de su padre y de recordar lo que ya sabía, se puso manos a la obra. Estaba obligado a orientar toda su concentración en la tarea, pues debía reducir un rito que duraba dos o tres semanas a cuatro días como mucho. Era otra forma de alquimia, pues al igual que la elección de las aleaciones y su proceso, estaba relacionada con el chamanismo sintoísta, el Ubasoku. La aceleración del tiempo era ciertamente Alquimia.

Recordando esto, se puso manos a la obra.

Primero limpió la forja y los alrededores, eligiendo y colocando las herramientas que iban a ser usadas en su lugar, bruñéndolas y dándoles una fina patina de aceite. Después decoró la estancia con tiras de tela fina y campanillas que lanzaban al aire sus tintineantes melodías al son de manos invisibles. Para acabar esta fase colocó aleatoriamente varios rollos giratorios de oraciones tibetanas, para que al ser movidas por el viento recitaran constantemente los mantrâms sagrados.

Él mismo debía purificarse durante todo el proceso, y para ello no solo se abstuvo de comidas impuras, sino que limpió su cuerpo con abluciones de agua fría, plegarias, y practicó ejercicios de control del pensamiento, para evitar construir formas mentales que atrajeran espíritus malignos a la forja. Eso fue lo más difícil, pues en todo momento le llegaban imágenes ensangrentadas de los últimos acontecimientos, y era una tortura intentar eliminarlos de la cabeza, como también parecía imposible quitarse la pesada incertidumbre de lo que estaría acaeciendo en su hogar, y si Liteu y su madre se encontraban bien.

Por suerte, la obligada y prolongada meditación inicial, según prescribía el códice, le ayudaron en la dura tarea de controlar la mente y el corazón.

De ese modo, limpio y perfumado, envuelto en los inciensos que envolvían la fragua, y armonizado con el Cosmos gracias a los mudras y mantrâms, Ashida consiguió construir un espacio sagrado en un mundo profano, y si sus ojos espirituales hubieran estado lo bastante abiertos, habría alcanzado a ver que aquella paz y belleza creadas por su voluntad, era habitada por seres invisibles, espíritus benéficos y Kamis locales, atraídos por la magia del rito y la pureza de sus intenciones.

Ashida no estaba solo. Su acto de magia milenaria convocaba en aquel crisol de espacio y tiempo a los Espíritus de la Naturaleza, alejados, normalmente, del mundanal ruido.

Un día entero estuvo limpiando, ordenando y preparando la fragua, convirtiéndola en un Kayun, en un recinto sagrado, y un día entero lo pasó en la posición del loto meditando, formando con sus manos los poderosos símbolos de los mudras mágicos. Al amanecer del tercer día se dispuso a fabricar el arma mágica.

Cuando el Sol empezaba a salir por el horizonte, se colocó la franja de tela negra en la frente, recogiéndose el pelo, y se puso el pantalón blanco; dejó su torso desnudo. Cantó entonces una canción invocando con ella al dios Yu, el Dios Herrero, el Padre y Señor del Fuego y a todos los Antepasados:

Vosotros, abuelos que nos habéis enseñado estos trabajos, precedednos. Tú, Yu, el misericordioso, que habitas no sabemos dónde, perdónanos. Tú, mi sol, mi luz, cuida de mí. Yo os doy a todos las gracias.

Luego oró en las cuatro direcciones del espacio y depositó ritualmente carbón y paja en el horno, prendiéndoles fuego con el primer rayo de Sol capturado por una lente de cristal.

Las llamas surgieron de la nada, como la primera luz brotó en un cosmos negro y vacío al inicio del Tiempo y su calor se expandió por toda la herrería, llevando en sus ondas las señoriales y temibles salamandras que habitan en su seno. La Vida estallaba en chispeantes llamas rojas y naranjas.

Después cogió rugosos y retorcidos trozos del hierro meteórico recogido por su padre y, siempre con una salmodia en la boca, los situó en la cazoleta de la fragua. Avivó el fuego con el aire constante del fuelle y contempló cómo el poder de la conflagración aumentaba licuando el duro metal. Entonces cogió los trozos de la espada rota que su padre le había regalado y, acompañándolos con una lágrima, los echó al crisol donde, derritiéndose, se mezclaron con el hierro caído del cielo.

Cuando el color del metal se tornó blanco, Ashida supo que estaba preparado para crear el núcleo de la espada, lo que sería su alma física. Una barra horizontal de hierro, ligeramente curvada, sobre la que luego soldaría infinitas láminas de acero. La Tinta Negra de fosfato de hierro había transformado el Hierro en Bruto en el Hierro Maduro, haciéndole perder los Jugos Vitales, pero aún debía cumplir el rito de las Cien Refinaciones, para que el metal se fortaleciese.

Envuelto en sudor, cogió con los ganchos el crisol y lo volcó sobre el molde de la espada. El hierro líquido, semejante a la lava volcánica, se extendió por la oquedad, y al poco comenzó a enfriarse. Cuando estuvo a punto lo sacó del molde con un ligero toque de martillo, y lo golpeó después con un potente mazo al tiempo que recitaba las palabras mágicas del pergamino de su padre, de modo que el espíritu de la música entrara en el metal.

A cada rítmico golpe, las campanillas sonaban y su melodía se mezclaba con su cántico y con el de la naturaleza, y las salamandras saltaban alegres en sus corceles de fuego. Lo que Ashida no sabía era que cada golpe que su martillo daba sobre el maleable hierro, situado encima de la bigornia prismática del yunque, tenía la cadencia del latir del Corazón de la Tierra. Al levantar su herramienta, la Tierra inspiraba con él, y al caer produciendo el maravilloso sonido del metal contra el metal, expiraba, en una cadencia lenta, rítmica y poderosa.

Después de moldear el cuerpo de la espada, la templó metiéndola en un cubo de agua traída directamente de las montañas, y volvió de nuevo a calentar el metal, y a golpearlo, hasta que tuvo la forma y el grosor adecuado. El temple era la unión simbólica del Elemento Fuego y el Elemento Agua.

Durante todo el día, sin darse un respiro, el joven siguió el proceso ritual de fabricar su espada mágica, sin descanso, perfectamente concentrado, como un mago realizando un hechizo, como un dios que construye un mundo.

Su cuerpo joven estaba bañado en sudor, y sus músculos, cansados pero tan duros como el hierro que maleaba, fruto de años de entrenamiento con su padre, brillaban bajo el hipnótico fluctuar de las llamas.

El Sol cumplió su órbita celeste y, al anochecer, justo cuando el último destello del Astro Rey quedó aprisionado en las montañas, Ashida cogió entre sus manchadas y callosas manos la brillante hoja de acero con alma de hierro, con sus más de mil capas, dura y flexible, construida tal como enseñaban los viejos misterios.

La lustró y, en su superficie, sobre la línea sinuosa semejante a una ola que recorría el filo, grabó con un cincel los signos esotéricos del Ju-Ji, las Diez Letras Sagradas; y sobre la parte posterior cinceló los Kuji-No-In, las nueve letras de Poder Protector, inspiradas en las nueve partes del Mandala del Diamante. El resto de la noche la pasó colocando la empuñadura de la espada con forma de cabeza de dragón, que le regalara su padre, y adaptando la vaina.

Era bien entrada la madrugada cuando concluyó la ceremonia y cumplió el rito. Volvió a agradecer a los dioses la ayuda prestada, y apagó el fuego del horno dejando solo unas ascuas humeantes. Las salamandras desaparecieron y los Espíritus de la Naturaleza se retiraron a sus hogares en los respectivos Elementos.

Ashida durmió allí unas horas, amparado por la sombra protectora del Dios del Fuego, calentado por los rescoldos del carbón que morían lentamente, protegido por el aura protectora de la forja, aún estremecida por la ceremonia. Era su primer descanso en los últimos días, y, tal vez, el último.

Lo que el joven no sabía era que, en esos mismos instantes, Liteu pasaba los peores momentos de su vida.

¿Acaso los grandes hombres se detienen en medio de una empresa, por difícil que ésta sea de llevar a feliz término?

Cuentos del Vampiro

DESESPERACIÓN

Cuando Ashida llegó al linde de su casa, vio la puerta abierta y un nefasto presentimiento lo embargó. Se apresuró en alcanzar la entrada y se precipitó al interior sin cautela. Sus ojos se esforzaron en ver en la oscuridad y lo que contempló le inquietó aún más.

El vestíbulo estaba totalmente destrozado. Por el suelo podía ver estrellas ninja manchadas de sangre reseca, incluso con tiras de piel enganchadas; los muebles caídos y rotos, y un rastro de sangre que llevaba al interior del hogar.

Allí, en el inicio del pasillo, un espectáculo aterrador se mostró ante sus jóvenes ojos, y Ashida, después de aquello, nunca volvió a ser el mismo.

La puerta de la habitación de su madre estaba destrozada, y en su umbral yacían dos despojos humanos, meros trozos descarnados de lo que fueran su madre y su tía. No tuvo tiempo de llorar, petrificado por el dolor, porque, al fondo del pasillo, Liteu yacía en el suelo respirando con dificultad, con la mirada ida y el cuerpo y el alma rotos. Su shinobi shozoku era ahora carmesí, y sus manos temblaban en un rictus mecánico y enloquecido. Aquella joven, que había dado su palabra de defender a las dos mujeres, era ahora una piltrafa humana. Ashida, viendo que por su madre y su tía nada podía hacer, se dirigió hacia Liteu.

El joven se arrodilló ante ella, impotente, totalmente consternado, y cogió con suavidad las temblorosas manos de la kuinoche, pronunciando con suavidad y ternura su nombre:

–Liteu. Liteu, soy Ashida...

La chica parecía no oírlo.

–Liteu, vuelve, soy Ashida, ya estoy contigo, no temas, yo te cuidaré.

Liteu seguía mirando al infinito, perdida en un mar de remordimientos. Sus labios rotos sólo pronunciaban una frase, que repetía tartamudeando una y otra vez, pero sin fuerza, casi inaudible, como un susurro:

–El Bhutân las ha matado. No he podido impedirlo... He fallado a Ashida... He fallado a Ashida... El Bhutân... El Bhutân las ha matado...

El joven se emocionó. Allí estaba Liteu, su amiga, su instructor ninja, su amor secreto, al borde de la muerte, destrozada por cumplir sus deseos; otra víctima del inefable demonio surgido de las profundidades del infierno. Sentía que era culpa suya el deplorado estado en el que se encontraba, y que también era culpa suya que su madre y su tía estuvieran muertas.

Una punzada de dolor le atravesó el alma. ¿Qué estaba ocurriendo? ¿Por qué se abatía la desgracia sobre sus hogares? ¿Qué buscaban los dioses con tanta crueldad? Su padre, su tío, su madre... hasta Liteu era presa de la inicua maldición. «¿Por qué?», se preguntaba.

–¿¡Por qué!? –gritó en aquel pasillo ensangrentado, estampa dantesca de desolación y muerte.

Acurrucado en el regazo de la joven ninja, Ashida lloró con lágrimas amargas, con los puños apretados hasta el punto de volverse blancos. Después, cuando ya no le quedaban lágrimas y su ira se calmó un poco, cogió a la muchacha en sus brazos y la sacó de la casa, depositándola al lado de una pequeña fuente que había en la parte trasera. Allí la limpió con delicadeza, curándole las heridas y depositando en cada una de ellas un tierno beso. Luego la cubrió con una manta porque, aunque el sol lucía esplendoroso, ella tiritaba como si estuviese en el más crudo invierno.

Acarició su pelo y su rostro, ahora limpio de sangre, e intentó transmitirle todo su amor, al tiempo que acompañaba sus caricias con las sanadoras palabras: «No es culpa tuya. No es culpa tuya. No es culpa tuya».

Así estuvo varias horas, intentando trasmitirle parte de su energía y de su calor, ayudado por Wu-Ti, que apareció de improviso por una esquina. El gatito se colocó entre los dos jóvenes, lamió a la inconsciente chica y maulló a su amo.

Cuando el Sol ya había cruzado el cenit, la cogió de nuevo entre sus brazos y la llevó al templo sintoísta, esperando que el monje aceptara cuidarla. Nadie se cruzó en su camino, nadie osó mirarlos directamente ni acercarse para ofrecerles su ayuda. Para el pueblo estaban malditos, un demonio había entrado en sus vidas y contaminado la apacible aldea. Solo esperaban que todo acabase pronto, o porque destruyeran al Bhutân, o porque éste saciase su infame apetito.

Ashida cruzó el umbral del templo con Liteu en brazos y se dirigió directamente a la estatua del Buddha, el Misericordioso, dejándola a sus pies y al cuidado de Wu-Ti. Luego entró en el jardín de la parte posterior, donde el monje trazaba las sinuosas ondas en la gravilla, creando una enésima obra de arte, y se quedó mirándolo sin decir palabra. Esta vez el extravagante sirviente del Buddha no dijo nada, solo se acercó hasta Ashida y puso la mano en su corazón.

–Has hecho bien en traerla aquí, joven aprendiz de guerrero.

Yo la cuidaré y me ocuparé de los restos de tu familia. Ahora debes cerrar el ciclo. Encuentra el punto en el que el cielo y la tierra se unen, abre las puertas del infierno y haz que se reflejen las estrellas en su abismo.

Dicho esto, Pao Pu'Tzu abrió la mano del joven y depositó en ella un objeto resplandeciente.

Ashida regreso a la sala del Buddha, rozó con un beso los labios tersos de Liteu y, después de regalar al Bodhisâttva con una reverencia, salió en busca de su destino: la Torre del Silencio.

Los hombres de carácter firme nunca dejan de cumplir lo que se han comprometido a hacer, aunque sea a expensas de su vida.

Cuentos del Vampiro

HOLOCAUSTO

Atardecía cuando Ashida llegó al cementerio donde se erguía la Torre del Silencio, y donde habitaba el sombrío ser llamado Bhutân. La estructura circular parecía la columna vertebral de un gigantesco dinosaurio, blanca y retorcida, destacando sobre el gris camposanto. Un camino señalado por teas llameantes, cual fantasmas carnívoros que lanzan lenguas de fuego, conducía hasta ella.

El joven, vestido con el shozoku negro para fundirse con las sombras, llevaba colgada a la espalda la espada que fabricara el día anterior y algunas armas ninjas. La empuñadura, con forma de dragón, parecía un ser vivo, la exteriorización del Poder Ígneo que latía en el interior de Ashida, más poderoso que el calor de una llama, que el abrasador fuego del sol.

Al contrario de lo que cabía esperar, se encontraba sereno, tranquilo, insensible a todo, como si se hubiera colmado su copa de dolor y no quedase nada más por lo que sufrir, como si no importase el desenlace del fatal encuentro que se iba a realizar. Ahora, en sus gestos y movimientos se notaba la determinación, la idea única, el pensamiento fijado en una doble y única tarea: destruir al Bhutân y liberar a su padre. Incluso muerto, su padre era lo único que le quedaba en el mundo. Él y Liteu, si se salvaba del holocausto nocturno.

Llegó hasta la entrada del cementerio. La reja oxidada estaba abierta y desde su umbral se podían observar los montículos donde reposaban los ancestros del poblado. En lo alto de sus colinas de tierra sin lápidas, se observaban distintos objetos que los parientes habían dejado: alguna ajada estatua del Buddha, lanzas oxidadas, espadas sin vaina de filo mohoso... A sus pies descansaban ramilletes de flores en distintos estados de descomposición, cuencos resquebrajados que antaño contuvieron vaporosos perfumes, palitos de incienso consumido. Todo mostraba las honras fúnebres de los seres queridos, pero también el tremendo estado de decadencia del cementerio. Parecía Yomi-Tsu-Kuni, el País de Tinieblas.

Por aquí y por allá teas de grasa humana lanzaban un vivo resplandor, creando una espantosa masa de espesa negrura que empañaba la vista. Los mal quemados cuerpos de algunos difuntos exhalaban un aroma putrefacto que daba todavía más ambiente de ultratumba al que era de por sí el hogar de la Muerte. En las hogueras fúnebres se adivinaban las vaporosas formas de los fantasmas, los verdaderos dueños del cementerio.

Ahora, bajo el crepuscular ambiente creado por el ocaso de un Sol teñido de rojo, el viento frio recorría las tumbas de los muertos y solo llevaba plegarias no oídas, oraciones perdidas; los lamentos y las súplicas de las almas en pena.

El joven entró en el tétrico asilo de almas y caminó entre las tumbas sin nombre, pareciéndole que las llamas de las piras eran otros tantos ojos temibles. Aquel era el hogar del Bhutân a la vez que su cárcel, el eslabón visible e invisible entre tierra y cielo, tierra e infierno. Como ya le explicara el monje, el espectro llamado Bhutân era el alma condenada de un hombre que había caído en la más terrible barbarie, que había retrocedido en la escala evolutiva a los tiempos en los que las tribus salvajes se devoraban entre sí y la escasa razón era guiada por los más depravados instintos.

En su estado etéreo no podía ir muy lejos ni saciar sus apetitos innombrables, pero con el cuerpo de su padre vivía la ilusión de estar de nuevo entre los hombres, convirtiéndose en un demonio diabólico ávido de carne fresca y sangre caliente. Así había podido salir de su cárcel, del cementerio, y llegar hasta el hogar que había destrozado sin remordimientos; ahora era el momento de hacérselo pagar caro.

Ashida miró a su alrededor, intentando recordar las pocas visitas que había hecho de niño, pero no reconocía nada, todo parecía nuevo, distinto, irreal, como si estuviera en una escena de pesadilla. Al fondo se iniciaba la ladera de la montaña, por cuya falda corría un riachuelo de aguas apestosas que se sumergía bajo tierra detrás de la Torre del Silencio, y a su alrededor, en el semicírculo que abarcaba el derruido muro de piedra, sólo había tumbas de tierra, hogueras funerarias, la Torre del Silencio al fondo, y un extraño árbol en medio, el árbol Shimshapâ.

Su grueso tronco, quemado por el humo de las piras llameantes, se elevaba a poca altura, y sus miles de ramas, alargadas, finas y sin hojas, se extendían hasta dos metros desde el tronco central, como si hubieran crecido de una forma anómala.

Decidió sentarse a sus pies, en la postura del loto, realizando con sus manos el mudra Djîn, esperando serenamente la aparición del Bhutân. Invocó a la divinidad Yasha Myõ Õ, uno de los cuatro guardianes celestes, y recitó un mantra por medio del cual podía oír la voz de los difuntos y los sonidos que sobre la tierra son imperceptibles al oído normal de un ser humano. No pensaba practicar ninguna estrategia, sólo quería enfrentarse con él, con la espada y con su furia contenida, deseando descubrir cómo salvar a su padre antes de destruir al vampiro. Sabía que no conseguiría que regresara al mundo de los vivos,

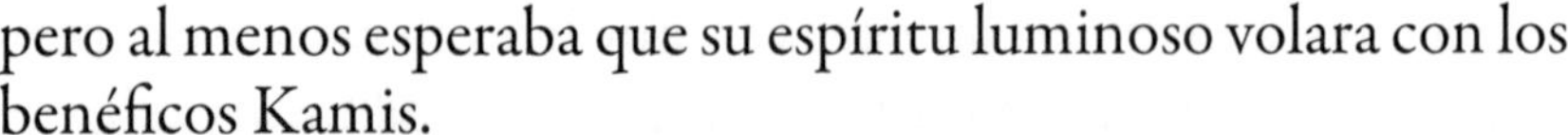

pero al menos esperaba que su espíritu luminoso volara con los benéficos Kamis.

Dejó a un lado la bolsa que llevaba colgada al cinto, y mantuvo la espada ajustada a la espalda. Cerró los ojos y permitió que el poder del mudra lo llenara de paz y serenidad. Las sombras envolvieron el cementerio, al árbol y a Ashida, y la pobre luz de una luna encarcelada entre nubes bañó de un tétrico manto de muerte el inhóspito escenario; el color desapareció, y solo el gris y el blanco mortecino pintaron el camposanto.

Los buitres no volaban ni lanzaban sus graznidos de hambre mal saciada, y ningún otro animal nocturno rompió la quietud y el silencio del cementerio; a excepción de ladridos lejanos, o lo más estremecedor: los aullidos penetrantes de los chacales.

De pronto Ashida abrió los ojos. La puerta de hierro de la Torre del Silencio se había abierto, y una sombra surgió de su interior realizando su ronda nocturna. Los ojos rojos del Bhutân se movían entre los montículos de tierra, como si fueran los ojos de una sombra sin cuerpo, rápidos y sigilosos; pero Ashida se dio cuenta de su presencia.

El muchacho se irguió sin hacer ruido y, practicando las enseñanzas de Liteu, intentó «sentir» al enemigo, parando el discurso alocado de la mente, que lo llevaba por derroteros infructuosos.

Entonces lo notó con claridad, temible, sumergido en medio de las tinieblas y el humo de las hogueras. No podía oír su respiración, porque el Bhutân no necesitaba respirar, pero sentía su aura maligna.

El ser había llegado hasta él. Se encontraba a menos de tres metros. Lo que parecía al principio una sombra más, se materializó como el cuerpo deforme y abultado de un hombre. Pese al deterioro, algo familiar en las formas del cuerpo y en los rasgos de la cara recordaron a Ashida que aquel seguía siendo su padre, aunque estuviera habitado por un inquilino desagradable que había que desahuciar, empujándolo al abismo de donde provenía.

Por un momento los dos se quedaron frente a frente, inmóviles, en silencio, sin dar un paso, contemplándose, reconociéndose. En los ojos del Bhutân se reflejaban los llameantes fuegos de las piras fúnebres, y tenía el rostro embadurnado de polvo blanco fabricado con huesos triturados. Entonces, Ashida, no pudiendo contenerse más, habló:

–Padre, ¿estás ahí? Soy tu hijo, Ashida. He venido a ayudarte... Necesito que me perdones.

Las tiernas palabras fueron como dardos lanzados contra el Bhutân, que dio un paso atrás y se retorció como si le hubiera alcanzado una flecha. Cayó al suelo y se quedó quieto.

Ashida, creyendo que tenía alguna esperanza de llegar hasta su padre, se acercó hasta el ser y, arrodillándose a su lado, intentó tocarle un hombro. Entonces, el Bhutân, al sentir en su piel fría como un témpano de hielo el calor de la mano, reaccionó violentamente y golpeó con fiera brutalidad al muchacho, que cayó a pocos metros de distancia.

Como un felino, Ashida se levantó y corrió al pie del árbol, abrió la bolsa y cogió unos objetos metálicos. Eran los shuko, que se colocó hábilmente en las muñecas. Aquel instrumento había sido concebido para escalar árboles, pero él pretendía darle un uso más escabroso. Con los agarres metálicos con púas de hierro en las muñecas y puños, Ashida salió corriendo al encuentro del Bhutân. Le asestó mortíferos golpes, pero éste se movía tranquilo, confiado en su superioridad. Cada vez que el puño llegaba a la descompuesta piel del monstruo, se llevaba jirones de carne y sangre seca; sabía que era la carne y sangre

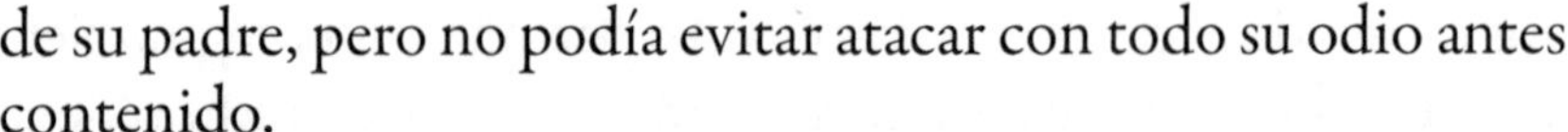

de su padre, pero no podía evitar atacar con todo su odio antes contenido.

Con furia desatada, Ashida golpeó una y otra vez sin dar cuartel. Sabía que esto no mataría al ser endemoniado, pero podía, tal vez, debilitarlo lo suficiente como para intentar liberar a su padre.

Por algunos momentos el Bhutân tuvo que retroceder ante las embestidas del joven, dando incluso algún traspié mientras se protegía inútilmente con brazos y codos, hasta que cayó definitivamente al pie del extraño árbol. ¡Qué fácil parecía! Cómo si Ashida pudiese llegar hasta donde un ninja no había podido, como si él pudiera derrotar a la bestia, vengando todas las muertes injustas producidas por una insana pasión corrupta.

Ahora lo tenía a sus pies, magullado, dispuesto a recibir el golpe de gracia.

Saboreando el instante, se quitó los shuko y sacó el sable de la espalda, blandiéndolo ante el Bhutân, levantándolo por encima de su cabeza de modo que reflejase en su mil veces pulido filo la escasa luz de la luna; y eso hizo gritar al monstruo.

Ashida sabía que los demonios temen las espadas, que reconocían que podían atravesar sus etéreos cuerpos produciendo un gran dolor e, incluso, una segunda muerte, y esperaba que ese miedo obligara al Bhutân a escapar del cuerpo de su padre antes de la estocada final.

Entonces algo ocurrió. El ser endemoniado se giró y se quedó mirando desde el suelo a Ashida, relajando su tétrico rostro, dejando que el de Odda se viese con más claridad. El joven, al contemplar a su padre, dudó. Con la espada en alto, a punto de descargarla, dudó. Fue algo instintivo, la sangre que reconoce a la sangre, y fue suficiente para que el Bhutân recobrase el control, convocando a sus sirvientes infernales.

De repente, como si el gesto del Bhutân fuese una orden, las ramas de aquel extravagante árbol empezaron a retorcerse con vida propia, revelando que por sus finos troncos se deslizaban miles de serpientes siseantes y pegajosas. Sin que Ashida lo pudiera evitar, engancharon desde lo alto la espada mágica y se la llevaron.

El rostro del Bhutân cambió y una sonrisa maliciosa transformó de nuevo la imagen de su padre en la del vampiro. Había sido una estrategia, un medio para robarle la espada. El arma fabricada con tanto esmero, ahora colgaba en la parte más alta del árbol custodiada por miles de víboras. Era un medio de dejarlo indefenso y había dado resultado.

Entonces, aprovechando el desconcierto del joven, el Bhutân se irguió y le golpeó con una piedra en la cabeza, dejándolo inconsciente. Se quedó mirando el cuerpo inerte del muchacho y abrió sus deformes fauces dispuesto a reventar sus entrañas, pero, misteriosamente, algo le detuvo. Se quedó paralizado como si luchase con una fuerza interior y, sin previo aviso, lo cogió del pelo y lo llevó arrastrando hasta la Torre del Silencio. Allí lo dejó caer, en el interior del ataúd de hierro, cerrando tras de sí la puerta, dispuesto a volver más tarde para concluir su sangrienta misión.

¡El corazón de los héroes es más difícil de quebrantar que el diamante!

Cuentos del Vampiro

LA TORRE DEL SILENCIO

Dentro del ataúd de hierro, el joven Ashida se debatía entre la conciencia y la inconsciencia. Su mente atormentada era invadida por imágenes irreales fruto de las vivencias de los últimos días.

Veía el interior de la Torre del Silencio repleta de restos humanos a medio devorar, brazos arrancados de sus cuerpos que mostraban las blancas osamentas; esqueletos humanos y de buitres mezclados en una confusión insana que provocaba casuales combinaciones, uniendo unos y otros restos en lo que parecía los desvaríos de un artista loco.

A su alrededor, hasta la altura del ataúd de hierro, se amontonaban las víctimas de los Nassesalares, como si fuese un océano espectral en el que flotaban tibias, fémures, cráneos, costillas y demás huesos humanos en los que aún colgaban grotescos guiñapos de carne.

Como si fuese de verdad un mar embravecido, la superficie de esqueletos y cadáveres se movía con un frenético vaivén, y estuvo a punto de hundir el ataúd, que parecía un barco a la deriva. La marea ósea iba a caer sobre él, y manos sin dueño, en las que aún se veían anillos de oro y plata, pretendían agarrarlo para llevárselo a las impías profundidades. Entonces despertó, sudoroso, intentando quitarse de encima lo que solo eran imaginaciones de una mente febril.

Se quedó un tiempo indefinido en el interior del cajón metálico, atreviéndose a cerrar los ojos de nuevo, intentando recobrar la calma. Le dolía la cabeza debido al golpe propinado por el Bhutân, pero no sangraba.

Un poco más calmado, se levantó, salió del ataúd y se sentó en su borde, contemplando el terrible lugar donde lo habían encarcelado, el mismo que le habían descrito no hacía tanto tiempo.

Tal y como se lo relatara su padre y él se lo imaginaba, la Torre era un enorme panteón mortuorio, semejante a una ancha y altísima chimenea redonda. En el centro, al lado del féretro donde los Nassesalares colocaban a los presuntos muertos, esperando que los buitres diesen buena cuenta de sus cuerpos, se encontraba una reja circular por la que se veía un remanso de agua pestilente, seguramente conectado con el río cercano, donde la lluvia arrastraba algunos de los restos más pequeños.

Alrededor se extendía un círculo de unos cinco metros de diámetro, sembrado con los restos limpios y bien mondados de los cadáveres, a excepción de unos pocos en los que los carroñeros buitres aún no habían cumplido su trabajo.

Las paredes de la sala circular, sin embargo, no eran como se esperaba, pues si bien a partir de los cuatro metros, aproximadamente, se presentaban pulidas a la perfección sin ningún tipo de agarre para poder asirse y escapar, hasta esos cuatro metros se mostraban repletas de nichos que, por el tamaño, parecían para niños.

Aparte de eso, en la Torre del Silencio no había nada más, y tampoco llegaba ningún sonido del exterior, lo que explicaba su nombre. Seguramente, pensó Ashida, tampoco desde fuera se oiría nada de lo que ocurriese en su interior, dejando totalmente aislados a los desventurados que tuviesen la dudosa suerte de «despertar» después de haber muerto.

Meditó unos instantes sobre las implicaciones de este hecho. Su padre estaba en el interior del Bhutân, como él, encarcelado, y en ningún momento había pensado qué sentía, qué terrible sufrimiento podía estar padeciendo dentro de aquella bestia sanguinaria. Tal vez fue consciente, mirando desde el interior de los ojos inyectados en sangre, del holocausto realizado con su esposa. Tal vez pudo notar las horribles acciones perpetradas con sus cuerpos en los que aún palpitaba la vida. ¿Qué tortura podía ser más atroz? Su reflexión reafirmó más en su corazón la necesidad de liberar a su padre, aunque primero tenía que liberarse a sí mismo.

Se llevó la mano a la espalda y notó que la vaina seguía en su sitio, pero no la espada. Recordó el truco del árbol de las serpientes. Entonces caminó por aquel antro apestoso, apartando con cierto respeto los huesos, pensando en la mejor forma de salir de allí.

Esa tarea parecía imposible. Los restos de cadáveres insepultos lo demostraban. La puerta de hierro forjado de más de cinco centímetros de grosor, como pudo apreciar al ser el hijo y aprendiz de un herrero, era inviolable, y en ella, tal como recreó en su mente la primera vez que oyó hablar de la Torre, se veían las falanges de huesudas manos rotas y fraccionadas. Algunos habían intentado trepar la lisa pared interior, encaramándose primero por los bordes de los nichos; en vano. Las manchas de sangre indicaban que habían sido alcanzados por los buitres, incluso antes de intentarlo. Miró a su alrededor detenidamente, agudizando su ingenio, intentando pensar como un ninja, pero no había salida.

¿Qué se proponía el Bhutân? ¿Por qué no lo había matado? ¿Por qué demoraba el momento final? ¿Jugaba con él y con sus deseos, o él mismo estaba confuso? Tal vez, pensó fugazmente, tal vez su padre luchaba en el interior del demonio, intentando debilitar la inquebrantable voluntad del Bhutân. Quizás. Ya notó algo parecido cuando luchó con él en su casa.

Lo cierto era que debía aprovechar la débil ventaja, salir de aquel antro y coger la espada, pero, ¿cómo? Cuanto más inspeccionaba el lugar más se decía a sí mismo: «Es imposible».

Volvió a revisar la estancia y todos los rincones. Inspeccionó los nichos e, incluso, rompió a patadas algunas losas, para ver si en su interior se escondía el inicio de un túnel o un defecto en la fabricación del muro posterior; pero nada.

Ahora estaba amaneciendo, como podía apreciar por la claridad que asomaba en lo alto de la Torre, y no tardarían en llegar los buitres. Estaba desarmado. ¿Qué podría hacer?

Durante varias horas, mientras la luz y las sombras mostraban cómo el paso del tiempo es inexorable, se esforzó en encontrar una salida, pero fue una tarea vana. Así estuvo sin desmayo hasta que el graznido de un buitre le atravesó el corazón como una daga, viendo que se posaba en lo alto y proyectaba su sombra ominosa.

«Ya están aquí –pensó–, y vienen a por mí.»

Sintió por afinidad el horror de los condenados a morir dos veces y, como ellos, pensó con desesperación en cómo evitarlo. Él era un aprendiz de ninja, del Ninjutsu, del Arte de las Sombras, y de algo tenían que servir los entrenamientos con Liteu. Necesitaba algún arma para luchar contra los buitres... y las tenía, cientos, a su alrededor, llenas de polvo: los restos de los desgraciados que cayeron antes que él; sólo que él no iba a caer.

Cogió unas cuantas tibias y fémures. Rompiendo un extremo, las dejó afiladas y mordientes. Luego las fue colocando en el interior del féretro, para usarlas conforme las fuese necesitando. Lo hizo deprisa, porque las sombras y los graznidos se multiplicaban en lo alto, y parecía que en cualquier momento iban a caer como una bandada de murciélagos enloquecidos.

Al inclinarse cerca del pozo, descubrió, por suerte, que uno de los barrotes que lo cerraban estaba tan oxidado que parecía podrido. Seguramente, pensó, con varios golpes podía romperlo.

Deseo vano, tal vez, porque cuando empezó a golpear con sus pies el oxidado hierro, los buitres, miedosos y cobardes, pero hambrientos, empezaron a descender, primero de uno en uno y luego por decenas, produciendo un caótico maremágnum de sonidos en el estrecho lugar, revoloteando alrededor de Ashida, dispuestos a hundir garras y picos en su carne.

El joven dejó de golpear la reja, que ya empezaba a ceder y, después de coger dos tibias, una en cada mano, atacó al buitre que volaba más cerca de su cabeza. Cuando consiguió que el ave cayera al suelo, se las clavó a la vez en el pecho, provocando que un río de sangre saltase sobre su cara.

Otros buitres, enardecidos por la necesidad, arremetieron contra el muchacho arañando levemente la espalda con sus garras, intentando morderlo; pero la provisión de huesos le permitió atacar, dejando dos malheridos en el suelo y un tercero incrustado en la pared entre dos nichos.

Ashida se defendía bien, pero eran muchos; y a todos los contrincantes les guiaba el instinto de supervivencia. No era presa fácil, y los buitres no estaban acostumbrados a tener tanta resistencia. Nadie había sobrevivido a sus embestidas, y un instinto colectivo les hizo atacar en grupo, coordinando el asalto. Oleada tras oleada, sin embargo, los restos de sus anteriores víctimas se convirtieron en sus verdugos, provocando numerosas heridas y muertes. El joven era un dios enfurecido y manejaba las tibias como si fueran espadas cortas, adquiriendo en su actitud la dureza Absoluta del Diamante. A su alrededor, una justicia cruel hacía honor a tantas víctimas, y regaba sus restos con la sangre de sus verdugos.

Lanzando estocadas a derecha e izquierda, e incluso empleando como amenaza sus propios dientes apretados con furia, Ashida se hizo un hueco encima de la reja, revolviendo sus brazos con las improvisadas armas a modo de aspas de molino, al tiempo que golpeaba desesperadamente con sus pies el hierro oxidado. Al fin los barrotes y la argamasa cedieron cayendo al fondo y dejando libre una pequeña abertura.

Realizó una nueva maniobra de ataque y después se agachó para intentar meterse por la brecha; pero descubrió que era demasiado pequeña. Parecía su fin. Los buitres vencían su círculo de defensa e, incluso, algunos, caminando por el suelo de piedra con sus chirriantes garras, sorteando los huesos de sus anteriores víctimas, picoteaban sus piernas y brazos sin darle cuartel.

Ashida recordó lo que Liteu le enseñara en sus escapadas nocturnas. Los huesos del cuerpo y sus articulaciones podían manejarse con cierta habilidad. Con el valor adecuado, podría dislocarse el hombro, consiguiendo reducir su torso lo suficiente para cruzar el angosto agujero de la reja. Para un ninja era fácil, pues de niños los entrenaban en el control total de los huesos, ligamentos y tendones, trabajando su flexibilidad y estiramiento, pero Ashida nunca había practicado esta parte del entrenamiento Ninjutsu.

Decidido e impelido por la necesidad, se levantó y cogió más huesos, arremetiendo una vez más contra los buitres, salvajemente, lanzando un poderoso Kiai, un alarido extraído de sus mismas entrañas que aterró a las aves carroñeras, haciéndolas retroceder hasta el punto de chocar con el muro del fondo.

Aprovechando el momento, soltó los huesos y, dirigiéndose al féretro de hierro, sin pensárselo, golpeó su hombro contra una esquina, dislocándoselo al instante. No gritó, se mordió los labios aguantando el dolor y, rápidamente, mientras los buitres aún se reponían del ensordecedor Kiai, se metió, aún con cierta dificultad, por el angosto hueco, cayendo en el lo-

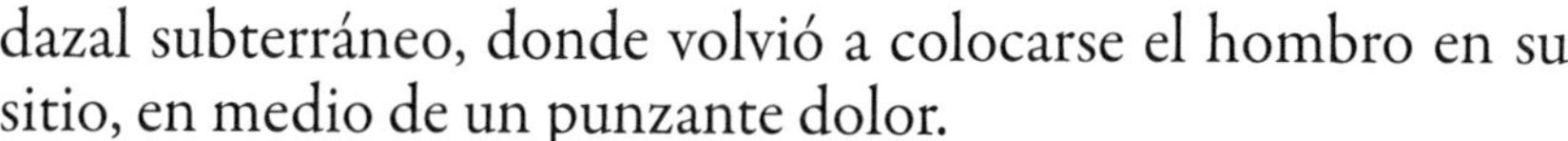

dazal subterráneo, donde volvió a colocarse el hombro en su sitio, en medio de un punzante dolor.

Lo había conseguido, a duras penas, pero lo había conseguido.

Ahora estaba en el pozo, y a punto estuvo de vomitar ante el pestilente olor del agua rancia, empantanada en aquel lugar durante meses, pues solo se renovaba cuando las lluvias hacían crecer el nivel del río cercano.

Arriba, los buitres golpeaban frenéticos la reja de metal. Mordían los restos metálicos con sus afilados dientes y las curvadas garras, decepcionados por la pérdida de su festín. Abajo, sumergido en aquella ciénaga mezcla de sangre, carne y agua putrefacta, Ashida creyó que aún podría salir de la Torre del Silencio y cumplir su venganza.

Eso no era tan fácil. Aquel retrete solo se limpiaba cuando las aguas torrenciales del riachuelo subían de nivel y forzaban el estancado río subterráneo. Necesitaba que lloviera, o buscar otra salida en aquel hoyo malsano.

Entonces ocurrió el milagro y, por primera vez los Boddhisattvas se apiadaron de Ashida cambiando su suerte, porque un relámpago cegador iluminó el interior de la Torre del Silencio, anunciando el inicio de la tormenta.

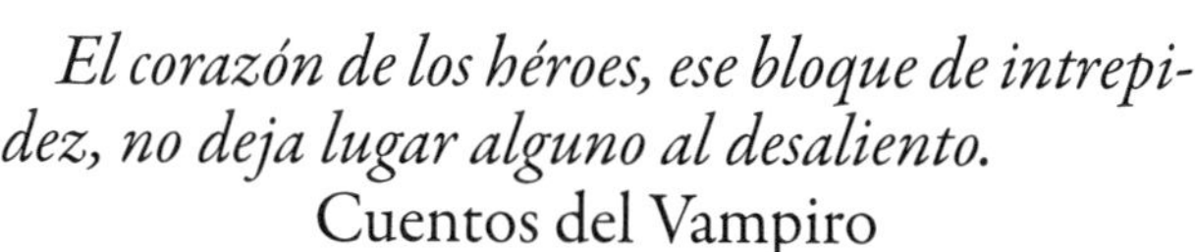

El corazón de los héroes, ese bloque de intrepidez, no deja lugar alguno al desaliento.

Cuentos del Vampiro

REGRESO AL KAMALOKA

En el exterior se desgranaba una impetuosa tormenta, pero Ashida solo veía los rayos y oía un sonido apagado y lejano que supuso eran los truenos, pues su vibración movía las paredes de tierra podrida, desprendiéndola sobre su cabeza. Los rayos refulgían más poderosos a causa de la pulida superficie de la cruel trampa mortal que era la Torre.

Por lo que podía apreciar, los buitres se habían ido o al menos sus graznidos quedaban eclipsados por el furor de la naturaleza, aunque eso poco importaba ya. Se había salvado de su cruel abrazo, pero no estaba seguro de que la alternativa fuese más segura.

Las pestilentes emanaciones metálicas del marjal amenazaban con desmayarle, y la posible consecuencia de la lluvia: que arrastrara las aguas estancadas al exterior, no sabía si sería una buena solución.

Ahora el hediondo líquido empezaba a moverse y notaba por debajo el fluir de una corriente que iba cobrando fuerza. Al poco, su ímpetu fue imparable y, antes de poder buscar un agarre, una trompa de agua lo arrastró por los canales subterráneos, casi sin darle tiempo a llenar sus pulmones de aire.

Su joven cuerpo fue arrastrado por la corriente y golpeado contra las viejas paredes de la canalización del río, una y mil veces, estando a punto de dejarle inconsciente e incluso de matarlo al chocar en una curva muy cerrada. Pero Ashida era fuer-

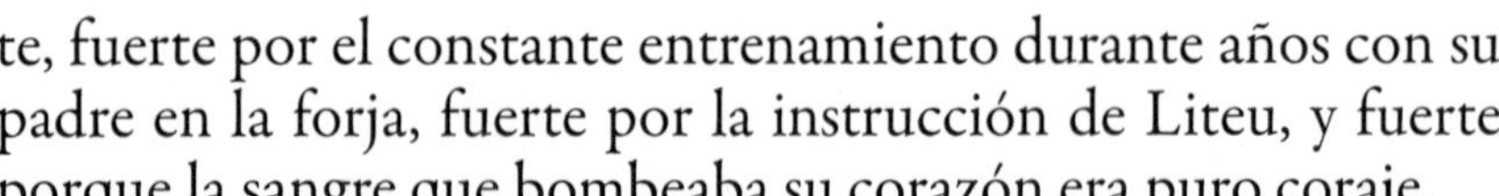

te, fuerte por el constante entrenamiento durante años con su padre en la forja, fuerte por la instrucción de Liteu, y fuerte porque la sangre que bombeaba su corazón era puro coraje.

Golpe tras golpe y zozobra tras zozobra, a los pocos minutos Ashida estaba fuera de las cloacas y caía en una ciénaga más pestilente aún, en el exterior y al borde del río. Chapoteando entre las inmundicias pudo apreciar que la noche volvía a ser la reina del cementerio y que sobre éste caía la lluvia con fuerza. Por desgracia, también vislumbró que, en la orilla, cerca de donde él había llegado, se encontraba el Bhutân.

Probablemente, pensó el muchacho, al llegar la noche el ser endemoniado habría ido a buscar su presa, y al no encontrarla, la estaba buscando por todo el cementerio.

Instintivamente, con un acto reflejo, se hundió en el agua hasta cubrirse la cabeza, y se llevó las manos a la espalda, agarrando la vaina vacía. Su diseño era semejante al de una espada samurái, pero, siguiendo las enseñanzas ninjas, había dejado abierto la parte inferior para poder usarla como cerbatana o, entre otros usos, respiradero.

Se sumergió un poco más, sacando un extremo de la vaina por encima del nivel del agua, y se llevó el otro a la boca, recordando la noche en la que Liteu le engañó con este mismo truco. Pensó en ella, ¿cómo estaría ahora? ¿Habría podido curarla Pao Pu'Tzu? Seguramente. Los monjes taoístas eran sabios curanderos, algunos incluso auténticos chamanes que practicaban una vieja medicina. No dejaría morir a Liteu.

¿Y el resto de su familia? La visión mental de los restos de su madre y su tía, destrozados en el pasillo de la casa, reavivó su sed de venganza, pero tuvo que controlarse hasta que el Bhutân desapareció de su vista. Intentó no ahogarse, porque la intensa lluvia amenazaba con asfixiarle con el mismo instrumento que usaba para respirar.

Cuando vio que la orilla estaba despejada, salió del río arrastrándose por el lecho arcilloso, y siguió arrastrándose hasta que decidió cuál era su siguiente paso. Eso no fue muy difícil, necesitaba su katana, forjada con los ritos mágicos.

La lluvia arreciaba mientras caminaba por el cementerio en dirección al árbol de las serpientes. Gracias al estruendo de los truenos y a que los rayos solo descargaban su eléctrico fluido en la lontananza, pudo deslizarse por el embarrado camposanto sin ser detectado.

Así llegó al pie del árbol Shimshapâ, donde todavía reposaba la bolsa con objetos ninja. Miró hacia arriba y contempló el tétrico espectáculo de las ramas retorcidas recubiertas de viscosas serpientes, que se movían de una a otra, zigzagueantes, silbando una macabra melodía. En el centro del tronco principal, en lo más alto, se encontraba su espada, sujeta en la empuñadura por decenas de serpientes. Parecía brillar con un aura azul, como si los rayos se hubiesen descargado sobre ella alimentándola con el poder del cielo y la tierra.

Debía subir a lo alto y recuperarla, pero, ¿cómo? Los ofidios parecían venenosos y mostraban sus colmillos amenazadoramente. Era una necedad arriesgarse, pero si no recuperaba su espada, no podría defenderse del Bhutân.

Era una decisión desesperada y necesitaba tener fe, creer en sí mismo, en que podía hacerlo.

Tomó aire y se calmó, bajando las pulsaciones de su corazón al mínimo, aminorando sus constantes vitales hasta el punto de no diferenciarse casi de las de un cadáver. Después cogió los shuko para escalar, dejados caer en el anterior enfrentamiento, y se los colocó ceremonialmente. Se acercó al árbol y los clavó por encima de su cabeza, escalando lentamente el blando tronco; al clavar las púas metálicas en la corteza, a Ashida le pareció que lo que brotaba de aquel árbol no era savia sino sangre.

Sus movimientos eran lentos, suaves, para no asustar a las serpientes. A cada palmo que ascendía, éstas subían por sus brazos, por su espalda, por su cabeza, cruzando de un lado a otro como si él mismo fuese una rama.

Eso era lo que pretendía, descender la temperatura de su cuerpo para engañar a los reptiles. La fría lluvia le ayudaba en su estratagema, cubriéndole con su fina capa de agua gélida. Al fin, imitando a las serpientes, llegó a lo alto del árbol y se quedó quieto como una estatua al lado de la espada; por ella campaban numerosas víboras.

Ashida se colocó lo más cerca que pudo, tan lentamente como le fue posible. Sin inmutarse ante la invasión de serpientes, metió su mano entre las que protegían la espada, hasta que accedió a su mango. Notaba el reptar de los sinuosos cuerpos por su cuerpo, empapados en agua y en sus propios jugos; sus siseantes cabezas rozando su piel, y creía que la aprensión lo delataría. Sin embargo, como si ya fuese un auténtico Guerrero Silencioso, controló sus emociones y, cuando tuvo bien agarrado el sable, se dejó caer con él al suelo.

La caída fue impresionante. Las ramas se quebraron bajo su peso y con ellas cayeron las serpientes amenazadoras, lanzando dentelladas mortíferas. En el suelo se mezclaron con el barro y el agua de lluvia, caídas a cientos encima de su espalda, intentando morderle e inyectarle su mortífero veneno.

Ashida fue vertiginosamente rápido. Con hábiles maniobras y usando la katana se deshizo de las serpientes que tenía por todo el cuerpo, y a las que pudo les cortó la cabeza sin misericordia.

Allí estaba el joven convertido ya en guerrero, bañado por la frenética lluvia, manchado con el barro y la sangre de los reptiles, con su espada ritual en la mano, atento y desafiante, dispuesto a cumplir su objetivo.

Cogió la bolsa y se la colocó al cinto. Llevaba la espada en la mano sin envainarla. Siguiendo las tradiciones más conservadoras de los samuráis, no volvería a enfundarla hasta que su filo se hubiese saciado de sangre. La colocó en posición de ataque y se dispuso a encontrar al Bhutân, para destruirle de una vez por todas. Sabía que eso era casi imposible, pero también sabía que, en el interior del engendro diabólico, el alma de su padre pugnaba por liberarse. Confiaba en su ayuda.

La tormenta arremetía con más fuerza y parecía que los Inmortales, los Lo-Han, se habían agrupado en lo alto de la montaña para ver, en el anfiteatro natural que era el cementerio, el desenlace de la batalla.

Ashida era la viva imagen de un ninja, vestido con su shozoku ya destrozado, caminando como le enseñara Liteu, atento a todo sonido, a todo ruido inusual, concentrado totalmente en su tarea asesina.

Recorrió las tumbas de los muertos como si él mismo fuese el viento gélido que golpeaba su cara, cauto pero sin miedo, atento y expectante, ardiendo en rabia infinita, pero sereno como el Buddha bajo el árbol Bodhi; como una contradicción viviente.

Pero el Bhutân no estaba lejos, incluso había visto la hazaña de las serpientes, poca cosa para él que despreciaba el valor humano al igual que despreciaba la vida humana. Él era la encarnación del mal, el ser al que los asustados ancianos llamaban Demonio; era la pesadilla nocturna de los niños; la cruel desdicha de los inocentes que se perdían en la noche; la sed de sangre encarnada en forma humana; la pasión sin límite ni restricciones; el deseo desatado; el odio coagulado en un alma retrógrada; una máquina de matar difícil de satisfacer en su ansia infinita. Demasiado había tardado en destruir la estirpe

de Odda, demasiado se le resistía aquel mocoso aprendiz de guerrero. Ahora era el momento de destruirlo, de devorar sus entrañas.

Ashida pensaba exactamente lo mismo. Demasiado había tardado en destruir a ese ser infernal, y ahora era el momento de hacerlo, ahora que su sable, forjado con los ritos más viejos de los Señores del Fuego, estaba en su mano, refulgiendo con un aura azulada indescriptible. Sí, era el momento.

Un rayo cayó en el cementerio y descubrió a ambos frente a frente, a pocos metros. Uno erguido orgullosamente con su katana mágica, y otro agazapado detrás de una tumba de tierra, temiendo el visible efecto del arma ritual. No había luna ni estrellas, sólo nubes negras como la muerte y lluvia espesa.

Otro rayo cruzó el firmamento, y al morir su luz el Bhutân atacó.

Saltó como un tigre sobre el joven, salvando la corta distancia. Pero, pese a su rapidez, Ashida lo vio venir. Dando un paso atrás, trazó con la espada un mortífero círculo que a punto estuvo de cortar la cabeza del Bhutân si éste no la esquivara a tiempo.

El ser no hablaba, a lo sumo pronunciaba guturales gruñidos, ora de queja, ora de arenga, intentando intimidar al adversario con el miedo que petrifica los músculos. Ashida ya no tenía miedo. Había encomendado su alma a Maitreya, el Buddha Futuro, y dejaba en sus manos su destino. Para bien o para mal, en su mente solo cabía un designio: devolver al infierno aquel ser que nunca debiera haber existido.

A cada ataque del Bhutân, terrible y poderoso, Ashida saltaba, esquivaba, se retorcía en el aire o se tiraba al embarrado suelo, no dejando en ningún momento que sus zarpas mortíferas, con la fuerza de tres hombres, le alcanzaran.

Blandía magistralmente su katana, como si hubiera nacido

con ella, dejándose llevar por el Espíritu encarnado en su alma de hierro meteórico, bailando una danza que cualquier samurái envidiaría, una danza diabólica compañera de la muerte.

A veces, su filo acerado rozaba el cuerpo deforme del demonio, el que perteneciera a su padre, y parecía que entonces los signos esotéricos del Ju-Ji se iluminaran, al tiempo que el Bhutân lanzaba gritos de dolor, como si además de romper su carne se resquebrajara su propia alma.

La espada podía herir al vampiro, y éste, en cada corte, en cada roce, parecía que se desdoblaba, que su espíritu se desgajara del de Odda, obligándole a salir y marcharse a su guarida del más allá. Pero Ashida quería más que eso, más incluso que salvar a su padre, quería borrar de la existencia al que había destrozado a su familia, para que nadie más sufriera su amenaza.

Sin embargo, en uno de los ataques contra el Bhutân, éste logró evadir la espada. En el segundo en el que el joven preparaba otro ataque, le pilló por sorpresa y le golpeó con los dos puños en el pecho, tirándolo contra el fangoso suelo. Ashida cayó sobre un charco de agua y barro, y encima de su torso se precipitó el cuerpo recio del Bhutân, que con sus poderosas manos agarró las suyas impidiéndole utilizar la espada. Aunque lo agarraba por las muñecas, donde aún tenía colocados los shuko, el punzante metal no afectaba a su carne muerta.

Parecía que los Inmortales acababan de tirar sus dados, sentenciando el destino de Ashida.

El Bhutân lo amarraba fuertemente. Clavaba sus ojos rojos llenos de odio en los del muchacho, preparándose para desgarrarle, primero el cuello y, después, el corazón. Su boca pestilente se abría mostrándole los anormalmente desarrollados dientes caninos sucios de sangre y carne reseca, y sus babas hediondas caían sobre el rostro del muchacho. Estaba dispuesto a acabar con la vida de Ashida en un último ataque sin piedad.

Durante instantes eternos los dados giraron y giraron. Ambos contrincantes se miraron mutuamente, contemplándose. Ashida escudriñaba los rasgos deteriorados del cadáver, intentando encontrar un indicio que le diese esperanzas. Entonces, intentando olvidarse del rostro maldito que tenía delante, habló a su padre, como si no hubiese Bhutân, como si no hubiese demonio que lo apresara con sus garras de acero, como si estuviera en la forja, aquella mañana, aquel día...

–Padre, soy yo, Ashida, su hijo. Cuánto lamento haberle enfadado. Se fue tan pronto. Ahora sé que reaccioné como un crio y no le escuché lo suficiente. Me olvidé de lo que me había enseñado y... dioses... cómo lo siento...

Las lágrimas del muchacho se mezclaron con las gotas de lluvia, y el Bhutân escuchó las palabras como si fueran cuchillas que se clavaban en sus oídos.

–Sólo quería pedirle perdón... padre... sólo eso. Y si lo consigo... acepto lo que me depare el destino...

Entonces el Bhutân se retorció como si en su cabeza sonaran miles de campanas. Se llevó las manos a los oídos gruñendo, dejando libre a Ashida. Al parecer, Odda luchaba en el interior del demonio, pugnando por liberarse, y éste se defendía con furia.

El joven aprovechó la oportunidad y metió su mano en la bolsa, intentado coger un arma ninja para usar contra el monstruo, pero el Bhutân se recuperaba, y sus dedos nerviosos sólo pudieron tocar un metal pulido, caliente al tacto. Lo sacó a tiempo y pudo comprobar que era el objeto que Pao Pu'Tzu le había dado, el espejo de bronce de Amaterasu, que custodiaba con veneración en el templo. Sin saber cómo, comprendió el motivo del monje y rápidamente lo colocó delante del rostro de Bhutân, para que se contemplara en su pulida superficie.

Aquello fue un prodigio. El vampiro vio el reflejo de su rostro deforme, desfigurado. Como si se reconociera en él, lanzó un grito de dolor al tiempo que caía hacia atrás espantado con terribles espasmos. Había visto su rostro, pero no solo eso, el espejo de Amaterasu mostraba otros reflejos no físicos, y la maldad del que alguna vez fue humano apareció como una carga y una maldición de la que, por un fugaz instante, fue consciente.

Entonces, mientras el Bhutân se retorcía en el suelo, revolcándose en el fango con la intención de arrancarse los ojos, Ashida notó cómo una neblina salía del cuerpo del ser endemoniado. Era el espíritu de su padre que se liberaba de la cruel cárcel, volando al mundo de los Inmortales. La semilla de Budha que hay en cada hombre se transformaba en un Kami celeste.

Los dados dejaron de rodar.

Ashida sabía qué debía hacer. Sin odio ya y con piedad, tal como hacían los samuráis en los entrenamientos para dominar la espada, blandió la suya repetidamente sobre el Bhutân, hasta que el cadáver quedó convertido en trozos irreconocibles, y también la negra sombra de ojos rojos, pues la espada celeste construida con hierro meteórico no solo destrozaba el cuerpo, sino también el alma.

Levantó la vista hacia el cielo y creyó ver, en la neblina que se alejaba, el rostro de su padre, y un gesto de agradecimiento.

Los hombres sabios no se dan descanso hasta no dar término a la empresa que se han propuesto realizar.

Cuentos del Vampiro

EL CEREZO FLORECIDO

Ante el montículo de tierra estaba el joven Ashida, cubriendo con su sombra la tumba de su padre, donde también había colocado los restos de su madre. En lo alto del túmulo clavó la espada, y el dragón de la empuñadura quedó como eterno guardián de los restos mortales de su familia, de su estirpe.

El Sol calentaba con un tibio viento el cementerio, ahora pletórico a la luz del día, bajo un cielo sin nubes, con el barro casi reseco y miríadas de destellantes gotas de agua que parecían diamantes.

Bajo la claridad de la mañana, la Torre del Silencio y el árbol de las serpientes parecían menos ofensivos, reliquias amasadas con superstición, leyendas para asustar a los niños. Eso le parecería a él si no hubiese vivido esta terrible historia. Varios desgarrones en pies y brazos, más el traje embadurnado en barro y sangre, eran la prueba palpable de su batalla, batalla que quería olvidar para siempre.

Salió del cementerio sin mirar atrás, sabiendo que ése era su pasado y que nunca volvería. Cumpliría su deber homenajeando diariamente a sus padres, pero lo haría en el santuario de su futuro hogar, ante una pequeña vasija que contenía un poco de sus cenizas. Ahora sólo pensaba en la joven que le esperaba en el templo sintoísta. Ella era su futuro.

Llegó a los pies del Buddha, el Misericordioso, bajo cuya

protección yacía Liteu aún malherida, visiblemente mejorada, tal vez por los numerosos conos de moxa que curaban los males de su cuerpo con su fuerte aroma. Cerca estaba el monje, pero Ashida no quiso hablar con él, solo se acercó para devolverle el espejo de Amaterasu, que Pao Pu'Tzu colocó en una peana cercana a la espada de Izagami.

El Buddha, con su eterna sonrisa, parecía meditar sin prestar atención a los humanos y sus vicisitudes, inmerso en un mundo más allá de las causas y efectos. Por eso no protestó cuando Ashida se tumbó al lado de Liteu y le cogió la mano, colocando su cabeza en el pecho.

Con ellos estaba Wu-Ti, que se despertó al tumbarse su amo. Se levantó perezosamente y se acercó a su rostro, lamiéndolo a modo de saludo. Luego, buscando un hueco entre los jóvenes, se hizo una bola de pelo ronroneando feliz, limpiando de vez en cuando sus patitas sin garras, escondidas bajo el suave pelaje y las esponjosas almohadillas.

«Eso haré yo más adelante –se dijo Ashida con un último pensamiento–, cuando curemos nuestras heridas.»

Hasta el fin de los tiempos, la firmeza de alma de los hombres esforzados permanece inquebrantable y sobrepasa a las montañas que cruzan los continentes.

Cuentos del Vampiro

Torre del Silencio - Malabar Hill, Bombay, donde tradicionalmente se coloca a los muertos parsis; del *Illustrated London News*, 1875.

INDICE

EDITORIAL
DAGÓN